INIZIAZIONE

Collana diretta da Osvaldo Sponzilli

FABIO NOCENTINI

INIZIAZIONE ALLA CRISTALLOTERAPIA

TECNICHE ENERGETICHE CON PIETRE E CRISTALLI

EDIZIONI MEDITERRANEE

Fabio Nocentini è nato a Firenze nel 1965. Dopo la laurea in letteratura inglese con una tesi sulla narrativa fantastica, ha proseguito gli studi sul simbolismo e sull'esoterismo, avvicinandosi in particolare alle terapie naturali. Ha frequentato corsi di naturopatia presso la *Scuola Italiana di Medicina Olistica* di Firenze e presso istituzioni analoghe; ha conseguito il master di reiki tradizionale secondo il metodo Usui e si è interessato alle tecniche di riequilibrio energetico mediante l'impiego dei cristalli. Autore di articoli su riviste del settore e del volume *Iniziazione ai rimedi floreali californiani* (Roma, Edizioni Mediterranee, 1998), collabora con l'associazione culturale *L'Elibé. Teatro di Behemot* di Firenze svolgendo attività di ricerca e tenendo corsi di cristalloterapia, reiki e floriterapia.

I disegni sono di David Narducci e di Fabio Nocentini

Finito di stampare nel mese di gennaio 2002

ISBN 88-272-1387-2

A mio padre, esperto conoscitore del regno minerale

A mia madre, paziente sostenitrice delle mie inclinazioni

Chi volesse suggerimenti sull'uso dei cristalli o informazioni sui corsi di cristalloterapia, reiki e floriterapia può contattare l'Autore al recapito dell'associazione culturale *L'Elibé. Teatro di Behemot*. Presso l'associazione si tengono anche corsi sulle discipline olistiche, sul teatrodanza e sulla danza contemporanea.

Associazione culturale
L'Elibé. Teatro di Behemot

Via S. Zanobi, 57
50129 FIRENZE

Tel.: 055 29 06 74
Fax: 055 60 26 66
http://www.lelibe.supereva.it
e-mail: gentian@dada.it

Indice

Presentazione

Questo libro espone alcune tecniche di lavoro per chi desideri intraprendere la terapia con pietre e cristalli. Il crescente interesse per la cristalloterapia, antica disciplina olistica oggi riscoperta, deriva dalla consapevolezza del fatto che tutta la materia, anche quella apparentemente inanimata, non è altro che una forma di energia, caratterizzata da una densità diversa rispetto per esempio alla luce, che pure è una forma di energia: la teoria della relatività, formulata nel 1905 da Albert Einstein, nonché le scoperte della moderna fisica quantistica recano conferme di carattere scientifico a questo concetto, espresso fin dall'antichità dal sapere esoterico. La materia inorganica è organizzata secondo strutture differenti rispetto all'uomo, alle piante e agli animali, ma anche in essa ritroviamo la presenza di molecole e atomi, al cui interno vibrano particelle subatomiche come gli elettroni; tali particelle, per le loro particolari caratteristiche, ci mostrano che la presunta distinzione tra materia ed energia in realtà non ha senso: materia ed energia si compenetrano a tal punto che nel regno dell'infinitamente piccolo – a livello delle particelle subatomiche – l'una si trasforma nell'altra, dandoci la conferma che abbiamo a che fare con i due aspetti complementari di uno stesso fenomeno.

In virtù di tale considerazione, che verrà ripresa e ampliata nelle pagine che seguono, si può affermare che anche i minerali, in quanto aggregati di atomi nei quali si rileva la presenza di energia, hanno la facoltà di interagire con l'ambiente e con l'uomo. Il desiderio di studiare e comprendere i meccanismi di questa interazione, unito alla sperimentazione diretta e alle esperienze personali, ha portato alla stesura di questo manuale, che potrà costituire una base di partenza per i profani e un'occasione di approfondimento per coloro che già da tempo si interessano all'affascinante mondo della cristalloterapia.

L'opera è strutturata in modo da dare un quadro approfondito di come si opera a livello energetico attraverso l'utilizzo dei cristalli di quarzo e dei minerali di vario tipo: di tali strumenti vengono descritte le forme, le proprietà e gli usi. Un capitolo è dedicato ai corpi sottili dell'uomo e ai 7 vortici energetici maggiori, che nella tradizione orientale assumono il nome di *chakra*: i vortici dal 2° al 6° sono analizzati non solo nell'aspetto anteriore, ma anche in quello posteriore. Per ciascun chakra vengono proposti alcuni rimedi floreali, di Bach e californiani, adatti a riequilibrarne le funzioni; in appendice, una tabella illustra le corrispondenze tra fiori di Bach e cristalli. Si espongono le tecniche di purificazione, attivazione e rigenerazione, mentre un'ampia sezione è dedicata alle caratteristiche specifiche delle pietre maggiormente usate in terapia. Altre informazioni vengono date riguardo la programmazione di un cristallo e la preparazione di acque ed elisir di pietre. Nella parte finale si affronta la descrizione particolareggiata delle modalità con cui attuare una seduta terapeutica, e si elencano diverse tecniche di trattamento con l'ausilio di pietre e cristalli. Nell'opera sono infine riportati numerosi riferimenti al pensiero e alle esperienze di altri autori che operano nell'ambito della cristalloterapia e delle discipline olistiche in genere.

Una volta che il ricercatore avrà preso confidenza con le tecniche qui descritte e si sarà sintonizzato con il linguaggio dei minerali, sviluppando l'ascolto, l'intuizione e la sensibilità, i benefici non tarderanno ad arrivare. Tuttavia, si deve tenere presente che la cristalloterapia non rappresenta una disciplina esaustiva, capace di risolvere da sola le molteplici problematiche che affliggono l'essere umano, e la conoscenza delle proprietà energetiche di pietre e cristalli non deve mai indurre a voler agire su se stessi e sugli altri rinunciando all'intervento del medico. Piuttosto, la cristalloterapia deve essere considerata un mezzo per favorire il mantenimento di una condizione energetica soddisfacente, e dobbiamo sempre riferirci ad essa come a un metodo di guarigione naturale che promuove la conoscenza dell'uomo nella sua totalità: una totalità costituita non soltanto dal corpo fisico, ma anche da quei piani sottili che le dottrine iniziatiche di ogni epoca e cultura tentano di conoscere fin dagli albori dell'umanità.

1. Le proprietà del regno minerale

La consuetudine di servirsi dei minerali, delle pietre preziose e dei cristalli per scopi di vario genere è antichissima, e si ritrova in tutte le civiltà, in Occidente come in Oriente. Se l'utilizzo a fini artistici e decorativi delle pietre rappresenta l'aspetto più vistoso di un diffuso interesse per quei doni che compaiono nelle viscere del pianeta, non si deve trascurare l'importanza della conoscenza esoterica, indissolubile dal pensiero dell'uomo, secondo la quale la scelta di certe gemme piuttosto che di altre nella realizzazione di gioielli, suppellettili e strumenti adatti a usi differenti non è dettata da un mero piacere estetico, ma risponde a precise istanze di tipo simbolico, cerimoniale ed energetico.

Nei maggiori testi mistici e sapienziali non è difficile trovare citazioni che riguardano pietre e gemme: la Bibbia, considerata "scrittura sacra" dell'Occidente cristiano, riporta alcuni riferimenti all'uso ritualistico delle pietre, come ad esempio nelle prescrizioni relative al pettorale del sommo sacerdote:

> Farai il pettorale del giudizio in lavoro artistico. [...] Lo coprirai di pietre, in quattro file. Prima fila: corniola, topazio, smeraldo. Seconda fila: turchese, zaffiro, diamante. Terza fila: giacinto, agata, ametista. Quarta fila: crisolito, onice, diaspro. Saranno inserite mediante castoni d'oro. Le pietre corrisponderanno ai nomi dei figli d'Israele: dodici, secondo i loro nomi; saranno incise come sigilli, ciascuna con il nome corrispondente, secondo le dodici tribù (Esodo 28,15-21).

D'altra parte, al di là di quelli che possono sembrare richiami a dimensioni trascendenti, tutti e tre i regni della natura – minerale, vegetale e animale – hanno sempre rappresentato per l'uomo un inesauribile argomento di studio, e sono stati spesso esplorati per ricavarne rimedi curativi. L'essere umano porta in sé le tracce dell'evoluzione attraverso questi tre regni: i minerali come componenti delle ossa e come regolatori di molteplici funzioni dell'organismo; il regno vegetale per quanto riguarda il nostro sistema nervoso, con il controllo del dolore, del piacere e delle altre sensazioni; il regno animale per l'insieme di istinti che ci caratterizza. Questa idea di un percorso evolutivo attraverso i tre regni della natura è avvalorata da alcuni approcci terapeutici recenti: nel primo caso, si pensi all'oligoterapia catalitica e alla litoterapia dechelatrice[1]; nel secondo caso, si consideri che numerosi esperimenti hanno dimostrato la capacità delle piante di provare emozioni, fenomeno questo in stretta analogia con gli effetti prodotti dai rimedi floreali, di Bach e di altre scuole, sugli stati d'animo negativi; nel terzo caso, infine, è noto che diversi sistemi di guarigione, tra cui l'organoterapia omeopatica e la cosiddetta *pet-therapy*, si fondano sul contributo degli animali.

Anche le pietre quindi possono venire utilizzate a fini terapeutici, con lo scopo di promuovere un'evoluzione, ma per comprendere il loro funzionamento nelle sedute di cristalloterapia è necessario riferirsi al concetto di *energia*.

Se consideriamo la definizione che la fisica dà dell'energia, abbiamo che quest'ultima è *la capacità di compiere un certo lavoro*; il lavoro svolto è indicato dal prodotto della *forza* per la *distanza* attraverso la quale la forza agisce. L'energia viene più frequentemente associata alla materia, ma essa può anche non avere relazioni con corpi materiali: un esempio è rappresentato dalla luce e da altre frequenze dello spettro elettromagnetico. L'energia si presenta in diverse forme: elettrica, termica, cinetica, nucleare, gravitazionale e altre ancora. Secondo una delle leggi della fisica, l'energia né si crea né si distrugge, ma può essere convertita da una forma all'altra.

Lo studio delle relazioni fra materia ed energia ha subito una svolta di grande rilievo con l'enunciazione della teoria della relatività, secondo

[1] L'oligoterapia catalitica è una disciplina nata in Francia intorno agli anni Trenta ad opera di Jacques Ménétrier: metalli, metalloidi ed elementi plastici (manganese, rame, oro, argento, cobalto, zolfo e via dicendo) vengono somministrati in quantità non ponderale per promuovere reazioni enzimatiche a scopo terapeutico. La litoterapia dechelatrice agisce secondo il metodo omeopatico e presenta molte affinità con l'oligoterapia: introdotta in Francia nel corso del Novecento da Claude Bergeret e Max Tétau, si vale di minerali e rocce diluiti e dinamizzati da assumere per via orale. Entrambe le discipline si rivolgono prevalentemente a patologie di tipo funzionale. Chi volesse approfondire, può leggere: Jacques Ménétrier, *La médecine des fonctions*, Paris, Similia, 1989; Claude Bergeret - Max Tétau, *Précis de lithothérapie déchélatrice*, Paris, Maloine, 1984; Bruno Brigo, *Oligoelementi e litoterapici nella pratica clinica. Conoscere l'oligoterapia catalitica e la litoterapia dechelatrice*, Milano, Tecniche Nuove, 1999.

la quale spazio e tempo sono intimamente legati e ciascuno di essi non può essere considerato un'entità separata. Spazio e tempo formano un *continuum* che, in particolari misurazioni, rende inadeguate le tre dimensioni spaziali della fisica classica e della realtà così come noi la percepiamo. Ciò si nota in particolare a livello delle particelle subatomiche, dove le misurazioni e gli esperimenti condotti con gli acceleratori di particelle non rispondono né al criterio newtoniano di spazio assoluto, né all'idea di tempo assoluto che condiziona la nostra vita quotidiana; inoltre, per la teoria della relatività, si deve sempre valutare la presenza dell'osservatore, cioè la variabile costituita dalla persona che esegue l'esperimento o la misurazione: due osservatori differenti, che si muovono con velocità differenti rispetto ai fenomeni osservati disporranno il succedersi dei fenomeni in un ordine cronologico diverso. La teoria della relatività ci spinge dunque a trasformare i tradizionali schemi di pensiero a cui siamo abituati e, come afferma Fritjof Capra, «la principale conseguenza di tale trasformazione è di aver capito che la massa non è altro che una forma di energia», per cui «anche un oggetto in quiete possiede energia immagazzinata nella sua massa e la relazione tra massa ed energia è data dalla famosa equazione $E = mc^2$, dove c è la velocità della luce»[2].

La fisica quantistica ha chiarito che gli atomi di cui è composta la materia non possono essere considerati semplici "mattoni elementari" la cui aggregazione determina i corpi solidi: essi sono formati da particelle infinitesimali, gli elettroni, che si muovono intorno al nucleo atomico in aree notevolmente ristrette, e sia gli elettroni sia le particelle formanti il nucleo – protoni e neutroni – non presentano quelle ipotizzate similitudini con gli oggetti solidi della fisica classica. Le particelle subatomiche si comportano in una duplice maniera: in relazione a come vengono osservate, esse appaiono talvolta come particelle, talvolta come onde, fenomeno questo che riguarda anche la luce, la quale è sia un flusso corpuscolare sia un insieme di onde elettromagnetiche (alle particelle che compongono la luce è stato dato il nome di *fotoni* o *quanti di luce*). La particella è per sua natura confinata in un volume estremamente piccolo, mentre l'onda si propaga su un'area di spazio ben più vasta: questa apparente contraddizione viene risolta dalla fisica quantistica con l'assunto che, a livello subatomico, non possiamo dire di essere in grado di rintracciare la materia con sicurezza in aree precise, ma dobbiamo ammettere che la materia è caratterizzata dalla *tendenza* a tro-

[2] Fritjof Capra, *Il Tao della fisica*, Milano, Adelphi, 1982, p. 74.

varsi in un posto o in un altro; inoltre, gli eventi che riguardano il mondo subatomico non rispondono al concetto di tempo assoluto e lineare poiché anch'essi, essendo caratterizzati dalla *tendenza* a verificarsi, non possono essere riferiti con certezza a un determinato istante di tempo. Questa scoperta dimostra che l'universo è dotato di una sua unità, in virtù della quale non è possibile scomporre la materia e gli eventi della nostra realtà in componenti minime, indipendenti e suscettibili di essere isolate le une dalle altre; l'universo, al contrario, appare come un insieme di relazioni, di interconnessioni, per cui ciascuna parte interagisce sempre con il tutto.

Nell'atomo, la forza elettrica di attrazione provoca il moto vorticoso degli elettroni (che hanno carica elettrica negativa) intorno al nucleo (che ha carica elettrica positiva): gli elettroni, comportandosi sia come onde sia come particelle, raggiungono velocità elevatissime, anche di 900 km al secondo. Ne deduciamo pertanto che «l'aspetto solido della materia è una conseguenza di un tipico "effetto quantistico" collegato al comportamento duale onda-particella della materia», e che le alte velocità degli elettroni «fanno sì che l'atomo appaia come una sfera rigida, proprio come avviene per un'elica in rapida rotazione la quale appare come un disco»; ora, essendo «molto difficile comprimere ulteriormente gli atomi», la materia si presenta ai nostri sensi con «l'aspetto solido familiare»[3]. Ma al di là del suo aspetto solido, come abbiamo visto, la materia è segnata dall'energia. Proprio su queste prerogative della materia si basa la terapia con cristalli e minerali, dato che essi sono in grado di interagire con le frequenze energetiche del corpo umano. Cristalli e minerali possiedono poi alcune proprietà che sono loro proprie, atte a convalidare il discorso sull'energia. Vediamole brevemente.

Le *proprietà fisiche* dei cristalli si distinguono in *scalari* (peso specifico, punto di fusione) e *vettoriali*: queste ultime, che dipendono dalla struttura del cristallo, dalla maggiore o minore densità del reticolo cristallino, sono quelle che più ci interessano in relazione alle tecniche energetiche che desideriamo intraprendere. Le proprietà vettoriali sono le seguenti: conducibilità elettrica e termica, proprietà magnetiche, durezza, proprietà ottiche. Il reticolo cristallino è definibile come la disposizione spaziale, geometricamente determinata, di atomi e molecole nei cristalli, in virtù della quale i cristalli sono capaci di trasmettere le vibrazioni che li attraversano in modo perfettamente regolare, con un'oscillazione fissa:

[3] *Ibidem*, p. 83.

su tale qualità si basa il funzionamento degli orologi al quarzo. Tra le *proprietà elettriche* di alcuni minerali, abbiamo:

1. Proprietà *piezoelettrica*: percosso o sottoposto a pressione il minerale si carica elettricamente sulla superficie; la piezoelettricità è tipica di quei cristalli che hanno assi polari, i quali sviluppano alle estremità cariche elettriche di segno contrario quando vengono sottoposti a trazioni meccaniche di pressione, torsione e trazione. I cristalli più noti in questo ambito sono il quarzo e la tormalina, che trovano impiego in vari settori dell'industria: ad esempio, facendo attraversare un cristallo di quarzo da un flusso di elettricità si provocano in esso vibrazioni intense, ed è per questa ragione che il quarzo si usa in talune apparecchiature come stabilizzatore di frequenza. Analogamente, la tormalina viene utilizzata «per misurare pressioni elevate e per determinare la frequenza di tensioni elettriche oscillanti»[4].
2. Proprietà *piroelettrica*: sottoposto a riscaldamento, il cristallo si carica elettricamente sulla superficie.
3. Proprietà *triboelettrica*: similmente a quanto avviene nei cristalli dotati delle due proprietà precedenti, in alcuni minerali le cariche elettriche si generano per semplice strofinamento con materiale adatto.

Se un minerale agisce come una calamita attirando materiali ferrosi, oppure se si lascia attrarre, si dice che è dotato di *proprietà magnetica*: anche questa caratteristica, che si presta a impieghi industriali (ad esempio per la ricerca di giacimenti di minerali magnetici), ha un ruolo in terapia. La magnetite è uno dei minerali che più presentano la suscettività magnetica: si rimanda dunque alla lettura della scheda relativa.

La durezza, di cui dobbiamo tenere conto per evitare danni agli esemplari di cui ci serviremo, specialmente se li conserviamo nello stesso contenitore o se li trasportiamo, viene espressa in ordine crescente secondo la scala di Mohs:

1.	Talco	6.	Ortoclasio
2.	Gesso	7.	Quarzo
3.	Calcite	8.	Topazio
4.	Fluorite	9.	Corindone
5.	Apatite	10.	Diamante

[4] *Enciclopedia Italiana delle Scienze. Minerali e rocce*, Novara, Istituto Geografico De Agostini, 1972, vol. I, p. 244.

Ogni minerale di durezza superiore scalfisce quelli di durezza inferiore; si usano anche i valori intermedi, come $3^1/_2$ o $7^1/_2$, e generalmente si dice che per scalfire i primi due termini della scala di Mohs (talco e gesso) è sufficiente l'unghia, mentre per i tre successivi (calcite, fluorite, apatite) è necessaria una punta d'acciaio, la quale però non riesce a scalfire i minerali di durezza da 6 a 10.

Per quanto riguarda le *proprietà ottiche* dei cristalli, si consideri che nello spettro visibile della luce ogni colore ha una sua lunghezza d'onda, riassumibile come segue:

Lunghezza d'onda minima:	luce violetta	4000 Å
Lunghezza d'onda media:	luce gialla	5896 Å
Lunghezza d'onda massima:	luce rossa	8000 Å

Il colore degli esemplari che impiegheremo è interessante a fini terapeutici: nell'ambito di una seduta con pietre colorate, la frequenza cromatica di ciascun esemplare permette infatti di effettuare anche un trattamento di cromoterapia, ricorrendo a strumenti maneggevoli e del tutto naturali.

Come abbiamo accennato, nell'industria e in varie applicazioni tecnologiche cristalli e minerali sono largamente usati. Ecco altri esempi: alcuni tipi di laser funzionano grazie a un rubino, mentre in certe apparecchiature per uso dermatologico si ricorre a un'alessandrite; i *chip* al quarzo, per le loro capacità di memoria, sono utilizzati nei computer e in numerosi dispositivi elettronici; lenti e strumenti ottici sono spesso ricavati dai quarzi. L'elenco potrebbe proseguire: basti aggiungere che, grazie ai trasmettitori a transistor (i quali sfruttano le proprietà piezoelettriche dei cristalli), si è assistito negli ultimi decenni a una vera e propria rivoluzione delle telecomunicazioni, che ha aperto la strada alla moderna tecnologia computerizzata digitale. Senza i cristalli, dunque, non avremmo potuto pervenire a molte delle scoperte scientifiche che hanno caratterizzato il XX secolo. Adottando due espressioni che ci sembrano appropriate, possiamo affermare che «i cristalli, soprattutto il quarzo, sono forme molecolari di energia allo stato solido» e che «il mondo minerale è energia, la emana, la riceve e la trasmette»[5].

In cristalloterapia, pietre e cristalli svolgono vari ruoli, dato che vengono considerati dei catalizzatori di energia; ma la loro caratteristica pri-

[5] Monica Giovine, *Cristalli. Il ritorno dello sciamano*, Pioltello (MI), Rangoni, 1997, pp. 9-10.

maria è quella di operare in accordo con una forma particolare di energia, rappresentata dal pensiero della persona che li utilizza in maniera consapevole. Il cristallo si evolve insieme al suo possessore: finché si trova sotto terra, prima di essere estratto, esso è in uno stato di quiescenza, è come addormentato, ma non appena viene esposto alla luce e interagisce con il proprietario, comincia a raccogliere le sfide e i pensieri di quest'ultimo, riverberandoli tutt'intorno. I cristalli non agiscono di loro iniziativa, bensì esplicano le loro proprietà entrando in risonanza con le intenzioni, positive o negative, di chi li adopera: essi fungono da accumulatori, amplificatori e trasmettitori del pensiero, rilasciando all'esterno i propositi e le tendenze dell'operatore che, più o meno abilmente, se ne serve. Il fatto che il cristallo ha cominciato a risvegliarsi e ad agire per venire incontro alle esigenze del suo possessore si può notare dai lievi ma costanti cambiamenti nelle inclusioni che lo caratterizzano, nonché dalla maggiore trasparenza che esso acquisisce con il passare del tempo. Come conferma anche Katrina Raphaell, spesso i cristalli di quarzo ialino

> sono offuscati al loro interno; queste nebulosità possono, però, schiarirsi man mano che il cristallo si evolve e cresce oltre i suoi limiti. Infatti, dopo essere stato usato in terapie, in meditazioni o indossato continuativamente, può acquistare una perfetta trasparenza e talvolta cambiare al punto da divenire irriconoscibile. Esso muterà man mano che la coscienza di chi opera con lui acquisterà limpidezza, riflettendo in sé l'evolversi del processo di illimpidimento. Continuando a operare con il cristallo e sintonizzandosi con lui, sarà possibile capire quali siano i suoi contrassegni intimi, il suo potenziale e le sue possibilità[6].

Un'altra studiosa delle proprietà sottili dei cristalli, Christa Faye Burka, si esprime nel modo seguente:

> A prescindere da come e dove il cristallo è situato, sul corpo, nella stanza da letto, intorno a una stanza o per formare una rete, esso agisce naturalmente attraverso la risonanza. Per diventare sensibili a questo processo ci si deve sintonizzare con la sua energia e sintonizzarsi significa "intonarsi". La risonanza è la funzione naturale del cristallo ed è anche il modo più efficace con cui l'individuo lo può utilizzare. Focalizzarsi solo sulle tecniche vuol dire

[6] Katrina Raphaell, *Cristalli. Una terapia per il corpo e per lo spirito*, Milano, Xenia, 1990, pp. 61-62.

perdere il senso della reale funzione e del valore del cristallo di quarzo nel mondo attuale[7].

Si capisce dunque come sia importante entrare in sintonia con questi strumenti naturali, operando in maniera intuitiva, valendosi delle proprie percezioni e dedicando del tempo ad ascoltare le differenti vibrazioni delle pietre e dei cristalli, i messaggi che essi ci rivolgono. Burka prosegue:

> Un pezzo di cristallo contiene al suo interno miriadi di atomi che vibrano tutti a una determinata frequenza. Ogni atomo porta una carica elettrica ed è dentro questa carica elettrica che gli schemi energetici possono essere ricevuti, conservati e trasmessi. Il cristallo funziona allo stesso modo del cervello umano. Entrambi ricevono energia in forma di impulsi elettrici dal vasto universo. Né l'uno né l'altro hanno la capacità di funzionare in modo indipendente ma piuttosto assorbono, raccolgono e amplificano gli schemi energetici dall'universo attraverso la risonanza[8].

La cristalloterapia è una disciplina che richiede non solo sensibilità, intuizione e dimestichezza con le energie sottili, ma anche un adeguato controllo della mente. Esercitando una crescente vigilanza sui propri processi mentali, si acquisirà man mano la facoltà di padroneggiare i pensieri, le emozioni e le intenzioni, cosicché sarà possibile utilizzare i cristalli per influire su quelle vibrazioni alterate che, in caso di malattia, appaiono nel sistema energetico del nostro organismo. Anche il corpo umano, essendo costituito da atomi, è inquadrabile in termini di campi energetici, e proprio il lavoro su questi livelli di realtà, più rarefatti rispetto alla materia, costituisce la scopo essenziale della cristalloterapia. Ponendo una pietra a contatto con il nostro corpo, la vibrazione emanata da questa interagirà con il nostro campo energetico e si produrrà uno scambio di informazioni: la pietra trasmetterà al corpo il proprio messaggio vibrazionale, mentre il corpo trasmetterà alla pietra le qualità energetiche della zona su cui la pietra è poggiata. Per quest'ultimo motivo, è di fondamentale importanza procedere alla purificazione delle pietre utilizzate in una seduta terapeutica, secondo i sistemi esposti in seguito.

[7] Christa Faye Burka, *La coscienza del cristallo*, Grignasco (NO), L'Età dell'Acquario, 1996, pp. 25-26.

[8] *Ibidem*, p. 57.

Poiché i cristalli si caratterizzano per la regolarità del reticolo cristallino, essi sono simboli tangibili dell'ordine presente in natura, e grazie al loro modello vibrazionale è possibile influire sul campo energetico umano ripristinandone l'armonia: «les plus petites particules de la matière cristalline, molécules, atomes et ions, sont disposées dans l'ordre et c'est sans doute l'harmonie de leur structure interne qui exprime la force de leur pouvoir "magique" et nous attire aussi intensément parce que nous recherchons tant à la recréer en nous»[9]. I cristalli, in quanto espressioni dell'energia universale di cui anche l'uomo è manifestazione, sono strumenti attraverso i quali è possibile collegarci al flusso di energia che ci circonda, così da armonizzarci con esso e sciogliere i blocchi che ostacolano la piena sintonia della nostra individualità con la totalità dell'universo. Con l'aiuto dei cristalli riusciamo a risvegliare le aree psicologiche non integrate, i lati in ombra della personalità, i conflitti interiori che conducono alla malattia: una volta che tali conflitti sono stati riconosciuti e superati, si rafforza la connessione con le nostre migliori qualità e avanziamo più velocemente sulla strada dell'evoluzione.

A conclusione delle riflessioni esposte finora, le parole di un altro autorevole studioso offrono una definizione riassuntiva della maniera con cui si esplica il potere di guarigione attribuibile alla cristalloterapia: «l'azione terapeutica delle pietre rientra [...] nel gruppo delle terapie basate sull'informazione, analogamente all'omeopatia, ai rimedi floreali di Bach e all'aromaterapia. Essa è caratterizzata [...] non dall'azione chimica, ma dalla trasmissione di informazioni»[10].

[9] Parimal Danielle Tonossi, *Les elixirs des cristaux. Decouverte des cristaux, mode d'emploi des elixirs*, Romont (Suisse), Editions Recto-Verseau, 1993, p. 19. [Le più piccole particelle della materia cristallina, molecole, atomi e ioni, sono disposte in ordine ed è senza dubbio l'armonia della loro struttura interna che esprime la forza del loro potere "magico" e ci attira così intensamente perché aspiriamo a ricrearla in noi].

[10] Michael Gienger, *L'arte di curare con le pietre. Un manuale*, Spigno Saturnia (LT), Edizioni Crisalide, 1997, pp. 149-150.

2. Tipologie dei cristalli naturali

Prima di utilizzare un cristallo di quarzo, si devono conoscere le sue prerogative in relazione alla forma naturale che lo contraddistingue. Si osservino i cristalli provvisti di punta: è facile imbattersi in molteplici varietà, ma non per questo bisogna seguire alla lettera le categorizzazioni date sui libri, poiché non tutti i cristalli esistenti sul pianeta possono venire comodamente inseriti in categorie distinte. Le forme dei cristalli sono sempre da interpretare, ognuna ha un suo significato ed è adatta a uno scopo senza bisogno di attenersi a schemi fissi: è importante piuttosto che l'operatore si domandi quale significato ha per lui quel quarzo e a cosa può servire, quale può essere la sua proprietà specifica. Sebbene la forma influenzi la qualità vibratoria di un oggetto e dunque le sue caratteristiche energetiche, anche Angelo Balladori riconosce che molte proprietà attribuite ai cristalli di quarzo sulla base della loro forma rappresentano delle esagerazioni:

> Ho il forte sospetto che tanti "distinguo" fra le qualità dei cristalli possano essere parto della fantasia di autori a corto di argomenti; di "maestri" e "master" che forse hanno pochino da insegnare... e quel poco lo ammantano di pathos e lo lasciano cadere dall'alto [...]. Un libretto [...] illustra un centinaio di forme diverse di quarzo e, di ciascuna, pretende di descrivere le particolari qualità... Non voglio influenzarvi, ma non credete che si stia esagerando[11]?

Considerando a parte le cosiddette *pietre burattate*[12], si attribuiscono proprietà specifiche a un cristallo che, in relazione alla sua forma natu-

[11] Angelo Balladori, *Guarire con i cristalli. Dall'antica saggezza rimedi e ricette per ritrovare salute e benessere*, Casale Monferrato (AL), Piemme, 1998, pp. 92-93.

[12] Le pietre burattate, appartenenti alle famiglia dei quarzi o ad altre famiglie, sono quelle arrotondate e levigate artificialmente mediante apposite macchine: la lavorazione in cilindri contenenti polveri abrasive che ruotano a velocità costante fa sì che esse si smussino e acquistino lucentezza. Dette anche *pietre barilate*, sono disponibili in molti negozi e rappresentano gli strumenti di base della cristalloterapia.

rale, rientri in una delle tipologie seguenti: *generatore*, *biterminato*, *tabulare*, *scettro*, *tantrico*, *relazionale*, *laser*, *fantasma*, *deposito di memoria* ed *elestiale*. Un ruolo particolare svolgono anche le *druse* di quarzo.

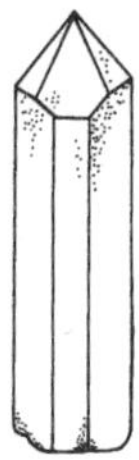

Fig. 1
Cristallo generatore

Fig. 2
Cristallo biterminato

Fig. 3
Cristallo tabulare

Generatore (fig. 1) è un singolo cristallo di quarzo grezzo, non tagliato dall'uomo, che può essere di dimensioni variabili ma che comunque avrà, come tutti i cristalli, 6 facce. Se esso non ha 6 facce, significa che è stato modificato dall'uomo. Il generatore è anche un grosso cristallo che sta comodamente in una mano, lasciandone fuoriuscire la punta, e che, debitamente preparato allo scopo, si usa come "attivatore" nella seduta di cristalloterapia (vedi capitoli successivi).

Il **biterminato** (fig. 2) è un cristallo "di collegamento" che possiede, alle due estremità, due punte naturali: esso serve, durante la seduta di cristalloterapia, per collegare le pietre le une alle altre, così da permettere un flusso continuo di energia da un punto all'altro o da un chakra all'altro. Tale cristallo si usa poi in meditazione per comunicare telepaticamente con altre persone, con animali o con entità di varia natura: per questo scopo lo si sorregge con una delle due punte a contatto con il 6° chakra.

Per **tabulare** (fig. 3) si intende un cristallo piatto, schiacciato, nel quale la larghezza dei due lati maggiori sia almeno doppia rispetto alla larghezza delle altre quattro facce più strette. Serve a trasferire in maniera rapida l'energia da un chakra all'altro, e può essere posto, al pari del biterminato, sul corpo della persona da trattare tra un chakra e l'altro. Balladori aggiunge che «ad esempio, posto fra il chakra del cuore e quello della gola (apice verso la gola), energizzerà l'espressione verbale dell'amore»[13].

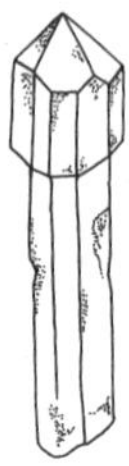

Fig. 4
Cristallo scettro

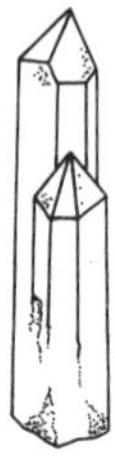

Fig. 5
Cristallo tantrico

Il cristallo **scettro** (fig. 4) ha la forma di un vero e proprio scettro: la parte superiore è dotata di punta ed è più larga e imponente rispetto alla parte inferiore, che assomiglia a un bastone, a una specie di impugnatura. Serve per meditare su situazioni che devono essere indirizzate con determinazione e sicurezza – come farebbe un re – ed è di aiuto per acquisire potenza, per agire in tutte le circostanze in cui si deve sviluppare il senso del comando, la padronanza di sé e la volitività. Naturalmente, le intenzioni che spingono a operare con tale cristallo devono essere pure, votate all'aiuto degli altri, altrimenti le conseguenze potrebbero essere spiacevoli. Energeticamente, durante una seduta, lo si può impiegare per rafforzare il carisma e la forza di volontà della persona da trattare. Coloro che provano una particolare attrazione per lo scettro potranno utilizzarlo, al pari del generatore e del laser, come cristallo attivatore.

Tantrico (fig. 5) è un cristallo che con termine mineralogico viene detto "geminato": è costituito da due cristalli distinti, ben individuabili, attaccati per la base o per un fianco. I due elementi del cristallo sono fusi insieme per la base e per il lato dell'attaccatura fino a formare un cristallo unico. Tale cristallo serve per lavorare su una coppia di persone, su due amanti, nei problemi di coppia o per favorire le unioni, sia durante la seduta sia come strumento da programmare per uso personale.

[13] Balladori, op. cit., p. 90.

Anche il **relazionale** (fig. 6) è un cristallo geminato, ma si distingue dal tantrico perché può essere composto da più di due cristalli attaccati: ciascuno di essi mantiene tuttavia la propria individualità, è ben visibile, non appare fuso per la base con gli altri. Le scanalature di separazione e i lati di ciascuno dei due o più cristalli sono ben delineati dalla base alla punta, oppure si riscontrano varie soprammettiture e altri tratti distintivi attraverso i quali ciascun cristallo esprime la propria singolarità. Pertanto, il relazionale è adatto alle relazioni sociali: madre e figlio, maestro e allievi, capoufficio e dipendenti, due amici, un gruppo di colleghi e via dicendo, secondo il numero di cristalli presenti.

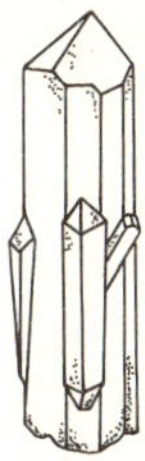

Fig. 6
Cristallo relazionale

Fig. 7
Cristallo laser

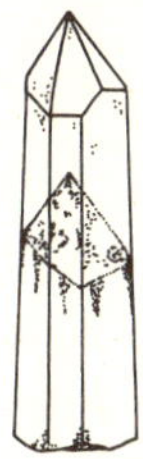

Fig. 8
Cristallo fantasma

Laser (fig. 7) è un cristallo stretto e lungo, sottile come un dito mignolo, che va a terminare in modo affusolato. Serve per sedute di cristalloterapia avanzata, ed è impiegato per dirigere fasci di energia concentrata, o per eseguire certe operazioni che necessitano di un "bisturi energetico". Per taluni autori, tra cui Balladori, il laser «è, per eccellenza, il cristallo del terapeuta»:[14] nella presente opera non si tratterà dell'uso appropriato di tale strumento nella cosiddetta "chirurgia energetica", poiché le tecniche qui esposte si basano sull'uso di un generatore (o eventualmente di uno scettro), cristalli ugualmente capaci di dare buoni risultati.

Il cristallo **fantasma** (fig. 8) presenta al suo interno uno o più "fantasmi", cioè sagome trasparenti di cristalli più piccoli che segnano le fasi di crescita del cristallo stesso. Questo cristallo viene utilizzato per lavorare sul passato e sul futuro, sulle vite precedenti, sulle situazioni legate allo spazio e al tempo.

[14] *Ibidem.*

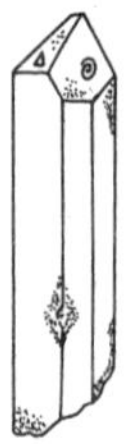

Fig. 9
Cristallo deposito di memoria

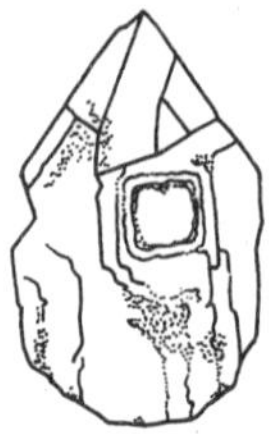

Fig. 10
Cristallo elestiale

Il cristallo **deposito di memoria** (fig. 9) è un cristallo insolito, abbastanza raro: si riconosce per la presenza di qualche segno particolare, come un triangolo, una spirale, un simbolo costituito da tre punti, e simili. Tali segni – poiché ve ne possono essere più d'uno – sono di solito individuabili, come se fossero incisi, su una o più facce della punta. La meditazione ricorrente con un deposito di memoria può consentire l'accesso a informazioni riservate: si ritiene infatti che, in epoche imprecisate, siano stati inseriti in questo cristallo messaggi e conoscenze di vario tipo, o che comunque esso permetta di stabilire il contatto con l'inconscio collettivo, con la storia dell'umanità e con il sapere esoterico.

Anche l'**elestiale** (fig. 10) è un cristallo molto particolare: in mineralogia viene definito "quarzo tramoggia", e talvolta lo si chiama "quarzo scheletro". È il cristallo capace di accrescere enormemente l'autoconoscenza, fino a farci scoprire i lati più reconditi della nostra personalità; deve pertanto essere utilizzato con prudenza. Spesso i cristalli elestiali somigliano al tessuto del cervello, tanto che Raphaell asserisce:

> Questi cristalli stabilizzano le onde di frequenza del cervello e neutralizzano le forme confuse di pensiero erratico. Quando ciò avviene si attiva il chakra della corona e la ghiandola pineale entra in azione: ne risulta una ampia condizione di consapevolezza. [...] Gli Elestiali per natura collegano gli strati più profondi della persona con ciò che essa possiede di più vero, alla fonte e alla base dell'esistenza. [...] La potenza degli Elestiali risiede nella loro capacità di comunicare alla mente ciò che è sicuro, autentico e vero. [...] Questi cristalli ci portano al nocciolo della questione, alla verità, alla

linea base del nostro fondamento strutturale. Gli Elestiali di solito appaiono nella nostra vita quando siamo sul punto di radicarci internamente nella nostra essenza basilare[15].

Le **druse** (fig. 11) sono agglomerati di cristalli, tra cui i più comuni quelli di quarzo ialino e ametista. Vengono di solito usate per la pulizia e l'energizzazione degli ambienti, e per curare e ricaricare i cristalli più piccoli, semplicemente lasciandoli su di essi per alcune ore o per un numero di giorni dispari (1-3-7-9 giorni: vedi capitolo dedicato alla purificazione). Le druse, al pari degli altri cristalli, devòno prima essere purificate e attivate con i sistemi che verranno descritti in seguito, e anch'esse devono, di tanto in tanto, venire rigenerate tramite interramento.

Un cenno meritano infine i cristalli *arcobaleno*: si tratta di quarzi – generalmente ialini – che a causa di piccole fratture presentano al loro interno uno o più punti in cui la luce si rifrange nei sette colori dell'iride, originando il noto fenomeno dell'arcobaleno. Questi minuscoli arcobaleni inclusi nel cristallo si rivelano preziosi sia da un punto di vista simbolico, sia da un punto di vista energetico: l'arcobaleno simboleggia la quiete dopo la tempesta, la gioia e l'allegria, dunque operare con tali cristalli risulta particolarmente utile nel caso di forme depressive. Inoltre, la presenza dei sette colori di cui si compone la luce all'interno di un quarzo ialino (che è l'emblema stesso della luce) ne aumenta la potenza energetica. Sarebbe quindi auspicabile che lo strumento fondamentale del cristalloterapeuta, il cristallo attivatore, contenesse uno o più arcobaleni.

Fig. 11 - *Drusa*

[15] Katrina Raphaell, *Manuale di cristalloterapia*, Milano, Xenia, 1993, pp. 115-116.

3. Il campo energetico umano e i chakra

Barbara Ann Brennan definisce il campo energetico umano come «la manifestazione dell'energia universale intimamente connessa con la vita dell'uomo»; esso «può essere descritto come un corpo luminoso che circonda e compenetra il corpo fisico, e che emette radiazioni del tutto caratteristiche»[16]. Il campo energetico universale, indagato fin dai tempi più remoti e definito in modi diversi dalle diverse culture, influisce non solo sull'uomo, sulle piante e sugli animali ma anche sugli oggetti, attraversandoli e saturandoli, collegandoli gli uni agli altri, così da organizzare la materia e darle forma. Infatti, qualsiasi cambiamento che avviene a livello della materia è preceduto da un cambiamento osservabile nel campo universale: l'energia viene incessantemente trasformata in materia (si pensi ad esempio alla nascita di ogni nuova vita, sia che si tratti di una pianta o di un uomo), ma anche la materia a sua volta si riconverte in energia. La caratteristica primaria del campo energetico umano è dunque quella di assorbire e metabolizzare energia attingendola dal campo energetico universale. Con il termine *aura* si indica sia il campo energetico dell'uomo, sia quello delle piante, degli animali e degli oggetti inanimati.

Secondo quanto riporta la tradizione esoterica e tenendo conto delle conferme date dai chiaroveggenti in epoca moderna, l'aura umana è composta di 7 strati (fig. 12), i quali vengono anche chiamati *corpi sottili*. Questi strati si compenetra-

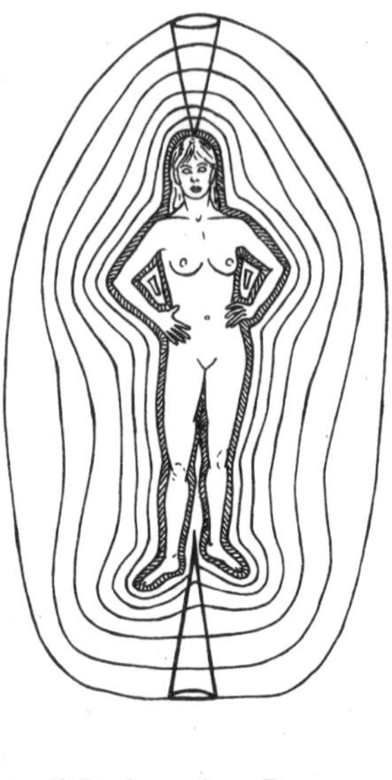

Fig. 12 – *I sette strati del campo aurico*

[16] Barbara Ann Brennan, *Mani di luce. Come curarsi e curare tramite il campo energetico umano*, Milano, Longanesi & C., 1989, p. 48.

no gli uni con gli altri e si estendono al di là del corpo fisico; la sostanza che li costituisce diventa sempre più sottile procedendo a partire dal primo strato per arrivare al settimo, il che indica la presenza di vibrazioni dalle frequenze sempre più alte. I corpi sottili, oltre che per la frequenza di vibrazione, si differenziano quanto a funzioni, caratteristiche, forma, colori: la loro struttura rivela un dualismo che si esprime in relazione alla maggiore o minore fluidità delle vibrazioni energetiche. I corpi sottili di numero dispari, cioè il 1°, il 3°, il 5° e il 7° sembrano più stabili e ben definiti nei loro contorni, mentre i corpi sottili di numero pari (2°, 4°, 6°) appaiono come fluidi in movimento, che non hanno una forma definita ma vengono condizionati, per quanto riguarda la forma, dai corpi dispari. In corrispondenza di ciascuno strato dell'aura vi è inoltre un centro energetico simile a un cono che ruota, il cui vertice è rivolto verso il canale energetico verticale situato lungo la linea mediana del corpo fisico: questi centri somiglianti a mulinelli sono detti *chakra* e verranno studiati ampiamente in seguito, poiché costituiscono i punti focali per il trattamento di cristalloterapia.

Descriviamo adesso in maniera sintetica i 7 livelli del campo aurico, tenendo presente che le funzioni di ciascuno di essi sono analoghe a quelle dei chakra corrispondenti.

1. Corpo eterico: corrisponde al 1° chakra. L'etere è lo stato intermedio fra materia ed energia e questo primo strato sporge dal corpo fisico di pochi centimetri (fino a un massimo di 5). È un doppione del corpo fisico e lo riproduce fedelmente, anche in relazione agli organi interni e a tutte le parti anatomiche. Appare come un insieme di linee di luce scintillanti, il cui colore può variare dall'azzurro pallido al grigio: in persone delicate e sensibili, il corpo eterico assume più propriamente i toni dell'azzurro, mentre in individui robusti e atletici esso rivela una colorazione grigia. Il corpo eterico dà la struttura al corpo fisico e riflette tutti i processi fisiologici che avvengono in quest'ultimo; dato che funge da supporto della conformazione fisica dell'individuo, il 1° strato dell'aura contiene tutte le informazioni sulla realtà materiale propria di quell'individuo.

2. Corpo emotivo: corrisponde al 2° chakra. È connesso con le emozioni e i sentimenti; sporge dal corpo fisico da 2,5 a 7,5 centimetri. Al contrario del corpo eterico, il corpo emotivo non riproduce fedelmente il corpo fisico, ma è costituito da addensamenti fluidi di colori in movimento. Le tinte che vi si osservano comprendono tutti e sette i colori dell'iride, e variano da scure a brillanti in relazione alle emozioni del soggetto, alla sua chiarezza nei sentimenti o al grado di confusione che lo caratterizza. I 7 chakra di questo strato dell'aura hanno, nell'ordine, i colori propri di ciascun vortice. Analogamente al 2° chakra, questo corpo registra le informazioni del lato emotivo della personalità.

3. Corpo mentale: corrisponde al 3° chakra. Sporge dal corpo fisico da 7,5 a 20 centimetri. Poiché questo strato è legato alle attività intellettuali e alle funzioni mentali, il suo colore dominante è il giallo in varie tonalità. Nel caso di un soggetto impegnato in occupazioni mentali, il giallo si accentua in corrispondenza della testa e delle spalle. I pensieri di qualsiasi tipo e le forme-pensiero che condizionano l'individuo sono rilevabili dall'analisi di questo corpo, nel quale si riversano anche altri addensamenti di colore provenienti dal corpo emotivo: tali addensamenti rappresentano le emozioni connesse con idee e pensieri specifici. Se un'idea è chiara e ben delineata, i colori delle emozioni ad essa associati saranno vivaci e luminosi, altrimenti si noteranno tinte opache e scure.

4. Corpo astrale: corrisponde al 4° chakra. Anche questo strato si distingue per la presenza di colori, generalmente più intensi e splendenti di quelli del corpo emotivo, spesso attraversati da bagliori verdi e rosa. Nel corpo astrale, che si estende per 15-30 centimetri a partire dal corpo fisico, si osserva lo scambio energetico tra le persone: se due soggetti sono profondamente uniti da un rapporto d'amore, i loro corpi astrali appaiono collegati da flussi energetici sotto forma di cordoni dalla tinta rosata. Infatti questo corpo riguarda tutte le esperienze di tipo affettivo da cui l'individuo può venire attraversato: se il cuore è chiuso nel risentimento, nell'odio e in simili atteggiamenti negativi, i colori del corpo astrale saranno scuri, spenti, privi delle sfumature di verde e rosa. Quando una relazione sentimentale o un'amicizia si spezza, i flussi energetici che collegano le aure di due persone (osservabili anche negli altri corpi sottili) si interrompono più o meno contemporaneamente. L'interazione energetica sulla base di simpatia/antipatia e amore/odio appare a livello astrale anche tra due soggetti qualunque che, pur non conoscendosi personalmente, si notano in circostanze disparate: si pensi ad esempio alla prima impressione che ci fa uno sconosciuto per strada.

5. Corpo eterico matrice: corrisponde al 5° chakra. Questo corpo viene chiamato "matrice" poiché «contiene tutte le forme esistenti sul piano fisico, quasi si trattasse di un negativo fotografico o di un modello»[17]. Esso si diffonde a partire dal corpo fisico per 45-60 centimetri, e contiene la configurazione originaria del corpo eterico: se quest'ultimo si altera a causa di un trauma o di una malattia, è possibile agire sul corpo eterico matrice per sostenere il processo di rigenerazione. Rappresenta l'archivio della nostra esistenza. Le forme e le strutture che appaiono nel 5° livello dell'aura sono costituite da linee trasparenti su uno sfondo di colore blu cobalto.

6. Corpo celestiale: corrisponde al 6° chakra. Ci si riferisce di solito al corpo celestiale come a un corpo emotivo trasposto sul livello spirituale. Esso si situa in un intervallo che va da 70 a 90 centimetri rispetto al corpo fisico. È percepibile come un insieme di tinte delicate, molto luminose e attraversate da raggi argentei, dorati e madreperlacei. Mediante le qualità di questo strato, sono possibili le pratiche di meditazione che conducono all'elevazione della coscienza individuale. Esso contiene tutte quelle verità di cui ciascuno di noi è alla ricerca, e come tale rappresenta la dimensione in cui ottenere l'accrescimento della conoscenza. Inoltre, similmente al 6° chakra, il corpo celestiale può essere interessato da forme di intervento che non necessitano della vicinanza di due o più soggetti, come la telepatia o la guarigione a distanza. Tra le esperienze che vengono riflesse da questo corpo, troviamo anche tutte le forme di misticismo volte a condurre l'uomo all'estasi spirituale.

7. Corpo keterico o causale: corrisponde al 7° chakra. Con il termine *keterico*, che deriva dall'ebraico *kether* ("corona"), si indica il livello mentale del piano spirituale. Esso sporge dal corpo fisico da 75 a 100 centimetri. Attraverso questo corpo sperimentiamo la trascendenza e l'unione con la divinità. È un campo di energia dalle vibrazioni estremamente alte: la fascia esterna, a forma di guscio d'uovo, contiene informazioni sulle vite passate, mentre la zona sottostante, inglobando gli strati dell'aura dal 1° al 6°, si riferisce all'incarnazione attuale. Il colore dominante del corpo causale è l'oro: esso appare sia in filamenti minuscoli, che racchiudono i livelli precedenti dell'aura come in una rete, sia

[17] *Ibidem*, p. 59.

come tonalità di luce dorata legate ai chakra e alle conformazioni del corpo fisico. Il 7° è lo strato che sembra dotato di maggiore resistenza; in esso è inscritto il progetto di vita della persona e le aperture spirituali che la collegano al piano cosmico.

I primi 3 corpi fanno parte del piano fisico: essi metabolizzano le energie collegate alla materia, alla fisicità; il corpo astrale invece, fungendo da cerniera di passaggio tra piano fisico e piano spirituale, rappresenta la zona dell'aura dove le energie di tipo materiale vengono trasformate in energie di tipo spirituale; infine, il compito dei corpi 5°, 6° e 7° è quello di gestire la vita spirituale dell'individuo. I livelli aurici dal 4° al 7° si collocano al di là del mondo fisico, e come tali riguardano altri strati di realtà: sintonizzandosi su questi livelli possono essere percepite varie entità prive di corpo fisico, come ad esempio gli spiriti guida. La ripartizione dell'aura in 7 strati, tipica dalla conoscenza esoterica, non esclude che, come riportano numerosi autori, al di là di questi 7 strati si estendano altre dimensioni energetiche, talora avvertibili grazie a doti sensitive, così da far pensare che ciascuna aura sia legata a tutte le altre e quindi all'universo:

> Anche se si ritiene che l'aura umana sia caratterizzata da sette zone esterne di energia, la copiosa diffusione di quest'ultima è probabilmente senza limiti. Le strategie studiate per esplorare le diverse zone e i loro confini indicano che la regione più esterna, a differenza di quelle interne, non ha un limite; perciò è possibile che si estenda all'infinito[18].

Ma, oltre all'essere umano, anche le pietre possiedono «aure interessanti, dalla complicata struttura a molti strati, che possono essere utilizzate in terapia»[19]. Grazie all'interazione tra l'aura delle pietre e l'aura umana è possibile agire su disarmonie di varia natura, su disturbi fisici, emotivi, mentali e spirituali operando a livello esclusivamente energetico. In tal modo si promuove il riequilibrio dei corpi sottili, i quali rifletteranno direttamente sul corpo fisico le azioni terapeutiche intraprese.

Se consideriamo la cristalloterapia una terapia preventiva capace di apportare informazioni vibrazionali, avremo che essa agirà in primo luogo quando le componenti sottili (mentali e spirituali) dei disturbi fisi-

[18] Joe H. Slate, *Manuale pratico dell'aura. L'uso delle energie per la salute, la guarigione, l'equilibrio*, Roma, Hermes Edizioni, 2000, p. 35.

[19] Brennan, *Mani di luce*, op. cit., p. 46.

ci e delle malattie si stanno generando nell'aura; in secondo luogo, seppure con tempi più lunghi, tale disciplina sarà di aiuto anche quando il conflitto psichico che sta alla base di una malattia, non risolto a livello energetico sui vari piani dell'aura, è ormai precipitato nella materia e si manifesta nel corpo fisico con sintomi specifici[20].

Dal momento che il campo energetico umano è costituito da vibrazioni a più alta frequenza rispetto a quelle dei campi energetici delle pietre, per beneficiare pienamente di una seduta di cristalloterapia assume importanza centrale la pratica del rilassamento. A differenza dei minerali l'uomo si muove, pensa, parla, si alimenta e intrattiene relazioni sociali; pertanto le frequenze che qualificano gli strati dell'aura umana sono più elevate rispetto alle frequenze dei campi energetici di pietre e cristalli: bisogna dunque allineare il nostro campo energetico alle vibrazioni di più bassa frequenza che contraddistinguono le pietre, e tale allineamento si raggiunge attraverso il rilassamento e la meditazione. Gli studi condotti sul cervello mediante le apparecchiature di elettroencefalografia hanno messo in evidenza l'emissione di onde cerebrali diverse in relazione ai quattro stati di coscienza che interessano l'uomo; ciascuno di questi quattro stati viene indicato con una lettera dell'alfabeto greco (*beta*, *alfa*, *theta*, *delta*) ed è caratterizzato da una specifica banda di emissione. Lo stato beta (da 14 a 35 hertz) è tipico della condizione di veglia e dell'attività di pensiero corticale, mentre lo stato alfa (da 8 a 13 hertz), «che caratterizza alcuni stati di coscienza alterati» ed è per noi di particolare interesse in relazione alla cristalloterapia, «compare quando si chiudono gli occhi prima di addormentarsi, ma anche in stato di meditazione, di rilassamento e benessere psicofisico»[21]. Gli altri due stati, theta (da 4 a 7 hertz) e delta (da 0,5 a 4 hertz), corrispondono rispettivamente: all'ipnosi e alle fasi REM del sonno (sonno con sogni), e al sonno profondo non REM (assenza di sogni). Essi non rientrano nel campo operativo della cristalloterapia comunemente intesa, poiché il tipo di

[20] Per le relazioni tra conflitti psichici e malattie, si vedano: Thorwald Dethlefsen - Rüdiger Dahlke, *Malattia e destino. Il valore e il messaggio della malattia*, Roma, Edizioni Mediterranee, 1986; Rüdiger Dahlke, *Malattia, linguaggio dell'anima. Significato, interpretazione e possibilità delle malattie*, Roma, Edizioni Mediterranee, 1996.

[21] Carlo Biagi - Manuela Pompas, *Diventare sensitivi. Le tecniche per sviluppare il potenziale psichico: telepatia, chiaroveggenza, medianità, autoguarigione*, Milano, Sonzogno, 1994, p. 25.

rilassamento al quale si perviene con l'uso dei cristalli è di solito riconducibile allo stato alfa; in ogni caso, il raggiungimento di uno di questi due stati dell'attività cerebrale, durante una seduta terapeutica, potrebbe favorire un allineamento ancora maggiore con le vibrazioni delle pietre, e dunque produrre risultati inaspettati.

Quando, con l'uso di tecniche come il training autogeno e la respirazione controllata, ma anche in una seduta di cristalloterapia grazie all'azione delle pietre e del terapeuta, scivoliamo nello stato alfa, le vibrazioni del nostro campo energetico rallentano e diveniamo così più ricettivi alle vibrazioni del regno minerale. È per questo motivo che una seduta con la presenza di un operatore qualificato produce sempre effetti più vantaggiosi rispetto al semplice fatto di portare una pietra con sé o applicarla sul corpo continuando a svolgere le consuete attività quotidiane: se le nostre vibrazioni non sono allineate a quelle della pietra perché non ci troviamo in stato di rilassamento, la pietra avrà bisogno di tempi molto più lunghi per interagire con il nostro campo energetico ed esprimere così la sua efficacia.

L'importanza di operare su una persona in stato di rilassamento, che si lascia andare e che non crea barriere mentali alla terapia energetica è confermata anche da Brennan, la quale si esprime in questi termini:

> Molti pazienti oppongono una resistenza alla terapia sforzandosi di mantenere il controllo della situazione con una mente iperattiva. Non è difficile: basta imporre il lavorio della propria mente e rifiutare lo stato di rilassamento. Se si costringe il cervello a rimanere razionale, ossia nel normale stato di veglia corrispondente alla rapida frequenza beta, non si può entrare nella frequenza alfa (8 Hz), che è lo stato terapeutico-risanatore. Perpetuando quello stato si interferisce con i normali processi di guarigione del sistema energetico e del corpo. Soltanto quando si libera della sua mente razionale e consente al cervello di entrare nella frequenza alfa, il paziente si abbandona alle sue naturali dinamiche terapeutiche, incrementate dall'intervento del terapeuta[22].

Tornando al nostro discorso sul campo energetico umano, in cristalloterapia si agisce sui corpi sottili attraverso i loro ingressi, i chakra (dal sanscrito "ruota": figg. 13-14): essi sono centri in forma di vortice incaricati di gestire l'energia vitale proveniente dal campo energetico uni-

[22] Barbara Ann Brennan, *Luce emergente. Una nuova esplorazione del campo energetico umano*, Milano, Longanesi & C., 1994, p. 77.

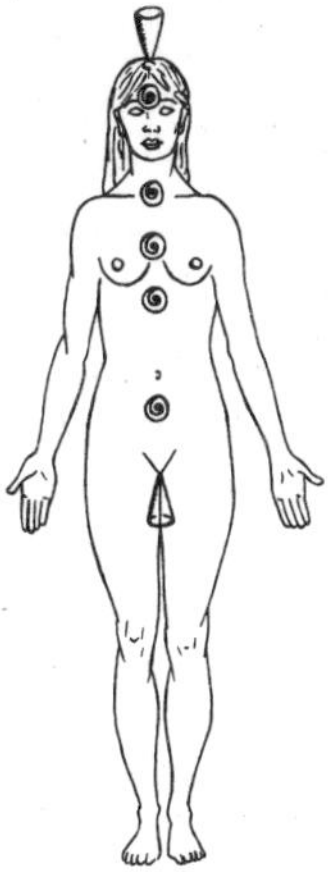

Fig. 13 – *I sette chakra maggiori: vista anteriore*

versale. L'energia vitale, che nelle varie culture è chiamata con termini diversi (*prana* in area indiana, *chi* in Cina, con altre parole altrove), viene incanalata nel corpo fisico e nei corpi sottili dell'uomo grazie ai chakra: questi centri energetici assolvono dunque in prima istanza la funzione di rifornire di energia i 7 livelli dell'aura, e di conseguenza il corpo fisico. Essi permettono inoltre di sviluppare i diversi aspetti della coscienza a cui sono collegati e agiscono infine facilitando la trasmissione delle energie tra i differenti strati di cui si compone il campo energe-

Fig. 14 – *I sette chakra maggiori: vista posteriore*

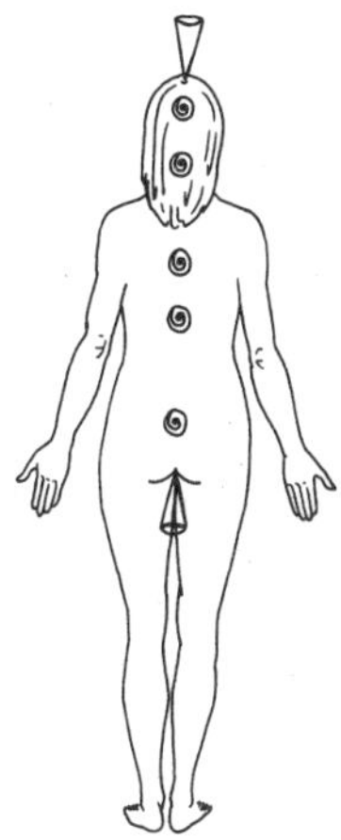

tico. I chakra maggiori o principali sono in numero di 7: alla visione dei sensitivi, essi si formano nei punti dell'aura dove le linee di energia si intersecano ventuno volte; oltre ai 7 chakra maggiori, vi sono 21 chakra minori, che si formano nei punti dell'aura dove i flussi di energia si incrociano quattordici volte. Altri chakra, di dimensioni ancora più piccole, sono collocati nei punti in cui i flussi si intersecano sette volte, e così via secondo una scala decrescente, fenomeno che ci induce a considerare i punti dell'agopuntura come chakra di dimensioni minuscole.

Ai 7 chakra principali viene riconosciuto un grande valore in tutte le terapie energetiche, e in cristalloterapia essi rappresentano le zone di maggiore importanza su cui operare. Tuttavia, anche i 21 chakra minori permettono di indirizzare convenientemente i flussi terapeutici, cosicché alcuni tra questi possono essere oggetto di trattamento con pietre e cristalli: per esempio, i chakra che si trovano sulle piante dei piedi e sul palmo delle mani, i chakra posti dietro a ciascun ginocchio, i chakra situati in corrispondenza di ciascuna delle gonadi, il chakra dell'ombelico, quello del fegato, quello dello stomaco e il doppio chakra della milza.

Fig. 15 – *Aspetto anteriore e posteriore dei chakra*

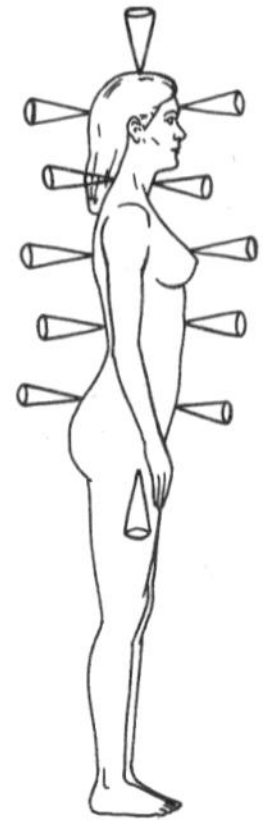

Ognuno dei 7 chakra maggiori è connesso al corrispondente strato dell'aura, cioè al corpo sottile che vibra con esso: il 1° chakra lavora in sintonia con il corpo eterico, il 2° chakra con il corpo emotivo, il 3° chakra con il corpo mentale, e via dicendo. Per ogni strato dell'aura i sensitivi rilevano la presenza di 7 chakra: ciascuno di questi vortici appare inserito dentro il precedente e caratterizzato da una frequenza vibrazionale man mano più alta. I vortici dal 2° al 6° compresi sono doppi, intendendo con ciò che essi sono presenti sia sulla parte anteriore del corpo sia sulla parte posteriore (fig. 15): in relazione a questa caratteristica, è sorprendente che quasi nessuno dei numerosi testi sui chakra oggi disponibili analizzi l'aspetto posteriore dei vortici dal 2° al 6°, inducendo così il lettore a credere che esistano solo i chakra anteriori. Cyndi Dale osserva giustamente:

> In genere tutti i riferimenti al sistema energetico umano si limitano a considerare la facciata frontale dei chakra, il che sarebbe sufficiente se l'uomo fosse un essere bidimensionale. Proprio come il corpo umano, che possiede un lato anteriore e uno posteriore, anche il sistema chakrico è strutturato nello stesso modo. [...] L'attività con il sistema chakrico posteriore può considerarsi importante per il fatto che pochi se ne occupano. Nell'insieme, ignorando metà del sistema energetico umano (ossia la facciata posteriore, il sé nascosto, occulto, umbratile), la maggior parte delle comunità terapeutiche metafisiche sorvolano un aspetto significativo della natura umana[23].

I chakra anteriori sono collegati a comportamenti, situazioni e forme di conoscenza pertinenti all'emisfero sinistro del cervello: nel loro complesso, essi hanno una valenza attiva, maschile, yang (anche se i chakra anteriori di numero pari si caratterizzano per la presenza di sfumature femminili, yin)[24], e come tali riguardano il *Sé cosciente*. La terapia dei

[23] Cyndi Dale, *Guarire con i chakras*, Milano, Armenia, 1997, p. 139, p. 141.

[24] Si consideri a questo proposito l'antico simbolo cinese della ruota del Tao, il *Tai Ji*, che nel taoismo rappresenta le due forze opposte e complementari dello yin e dello yang: lo yin contiene anche una parte di yang, e viceversa. Quindi i chakra anteriori di numero pari (2°, 4°, 6°) sono yang-yin (cioè con un certo

chakra anteriori è dunque principalmente rivolta a problematiche coscienti, di tipo razionale, esperibili in maniera diretta: le realtà quotidiane, la vita attuale e le decisioni da prendere, i bisogni e le esperienze che conosciamo, la necessità di relazionarsi con il mondo agendo in maniera diversa per risolvere i problemi concreti. Il pensiero lineare e tutto ciò che ha un influsso immediato sul soggetto, sia che si tratti di ricordi, sensazioni, esigenze emotive o situazioni di cui la persona è consapevole e che vengono vissute in maniera problematica, deve essere affrontato trattando i chakra anteriori.

I chakra posteriori, che nel loro complesso mostrano di possedere una valenza passiva, femminile, yin (anche se i chakra posteriori di numero dispari si caratterizzano per la presenza di sfumature maschili, yang) sono invece in relazione con il *Sé inconscio*: pertanto, essi sono collegati all'esperienza indiretta e irrazionale, rivelando in tal modo analogie con l'emisfero destro del cervello. Questi vortici controllano il mondo dell'intuizione, dell'ispirazione, della dilatazione della coscienza; risuonano con le realtà estese, con le difficoltà di tipo inconscio, con il pensiero analogico, con tutto ciò che non è tangibile e direttamente esperibile in termini di razionalità. Rappresentano il legame con la parte occulta e rimossa della personalità, con la «zona d'ombra», con le vite precedenti, gli spiriti guida, le entità soprannaturali. I chakra posteriori devono essere trattati quando vogliamo lavorare con «i poteri, i sogni, le premonizioni e le opinioni negate dell'individuo», poiché il lato posteriore «cela i ricordi repressi, la conoscenza misconosciuta, i segreti di antica data, i desideri irrealizzati»[25].

equilibrio tra yang e ying), mentre i chakra anteriori di numero dispari (3°, 5°) sono yang-yang (cioè molto yang, yang nello yang); i chakra posteriori di numero pari (2°, 4°, 6°) sono yin-yin (cioè molto yin, yin nello yin), e i chakra posteriori di numero dispari (3°, 5°) sono yin-yang (cioè con un certo equilibrio tra yin e yang). Si noti che l'uso delle espressioni *valenza yang* per i chakra anteriori e *valenza yin* per i chakra posteriori si riferisce a un inquadramento energetico dei vortici che non segue necessariamente le convenzioni della medicina tradizionale cinese. Infatti, secondo la medicina tradizionale cinese, il lato anteriore del corpo e i meridiani che vi si trovano sono yin, mentre il lato posteriore del corpo e i suoi meridiani sono yang: qui tuttavia si sono solamente presi in prestito i termini yang e yin come sinonimi, rispettivamente, di *attivo*, *positivo*, *maschile*, e di *passivo*, *negativo*, *femminile*, poiché i chakra anteriori e posteriori mostrano di possedere tali rispettive caratteristiche energetiche.

[25] Dale, op. cit., p. 141.

I chakra 1° e 7°, in quanto vertici della colonna centrale che indirizza il flusso energetico verso l'alto, sono invece singoli.

I flussi di energia elaborati dai chakra vengono convogliati nei vari distretti dell'aura e del corpo fisico attraverso i *nadi* (dalla radice sanscrita *nad*, "scorrere, fluire"), canali energetici che presentano qualche analogia con i meridiani della medicina tradizionale cinese, anche se i nadi sono molto più numerosi e formano una specie di "apparato circolatorio sottile"[26].

I chakra, «fungendo da trasmettitori di energia fra i diversi livelli, distribuiscono l'energia pranica al corpo fisico servendosi anche del sistema endocrino»[27] e pertanto sono associati alle ghiandole endocrine, come verrà indicato più avanti. Ogni vortice si distingue inoltre per una banda cromatica precisa: a partire dal 1° per arrivare fino al 7°, i sette colori di scomposizione della luce sono presenti lungo l'asse centrale nei punti in cui si formano i vortici energetici. Dato che i 3 chakra inferiori sono collegati ai 3 chakra superiori, per ottenere risultati migliori in terapia si ponga attenzione alle corrispondenze e si operi non solo sul chakra che manifesta apertamente lo squilibrio, ma anche su quello collegato. Le corrispondenze sono le seguenti:

1° CHAKRA ←→ 5° CHAKRA

2° CHAKRA ←→ 6° CHAKRA

3° CHAKRA ←→ 7° CHAKRA

Il 4° chakra, in quanto vortice che gestisce l'energia lungo tutto l'asse, è collegato con ciascuno degli altri, sia inferiori sia superiori; inoltre, essendo il 4° il chakra del cuore, esso viene considerato centro vitale della massima importanza.

[26] Secondo il tantrismo, che comprende vari tipi di yoga tra cui lo *hata yoga* e il *kundalini yoga*, il sistema energetico umano è costituito da più di 72.000 nadi: i tre più importanti sono *ida*, *pingala* e *sushumna*. Questi tre canali verticali hanno origine in *muladhara chakra* (il primo dei vortici maggiori): ida e pingala seguono un movimento sinusoidale ai lati di sushumna – che invece ha un andamento rettilineo – intrecciandosi in corrispondenza di ciascuno dei chakra maggiori. Ida è di valenza femminile, yin, e controlla tutti i processi mentali, mentre pingala è di valenza maschile, yang, e come tale si riferisce ai processi vitali, dinamici e fisiologici.

[27] Naomi Ozaniec, *I chakra. I centri di energia del corpo*, Milano, Mondadori, 1999, p. 28.

Ciascun chakra esplica funzioni ben definite e possiede qualità che gli sono proprie: dunque, attraverso l'analisi dei singoli vortici si ottengono informazioni sulle aree psicologiche, caratteriali, comportamentali del soggetto da trattare. Queste informazioni, integrate da un colloquio approfondito sui disturbi fisici ed emotivi, sulla storia personale del soggetto e sui problemi che esso accusa, permetteranno al terapeuta di impostare la seduta di cristalloterapia scegliendo le pietre più specifiche e i tipi di trattamento più appropriati.

Per controllare il funzionamento dei chakra, il metodo più semplice consiste nell'uso del pendolino. Chi ha dimestichezza con la percezione delle energie sottili potrà usare le mani, passandole sull'aura e su ciascun vortice allo scopo di rilevare blocchi, congestioni e alterazioni; oppure potrà ricorrere alla visione psichica, sempre che abbia sviluppato le doti di chiaroveggenza necessarie a vedere i corpi sottili, i loro colori, le disarmonie che questi presentano: per chi invece non è ancora giunto a simili stadi di sensitività, il pendolino rappresenterà un mezzo altrettanto valido. Il pendolino deve essere di materiale naturale, a punta e simmetrico rispetto all'asse centrale; per quanto riguarda la lunghezza del filo o della catenella a cui è appeso, Brennan consiglia circa 15 centimetri, tuttavia tale misura può essere aumentata o diminuita di qualche centimetro secondo le preferenze di chi lo usa, dato che si tratta pur sempre di uno strumento personale da calibrare con la propria sensibilità. Prima di adoperare il pendolino, è importante creare il vuoto mentale, liberando la mente da qualsiasi aspettativa circa l'esito del test, e sottraendoci all'influenza che il lato razionale della coscienza potrebbe esercitare spingendoci a voler ottenere un tipo di rotazione piuttosto che un altro: dobbiamo mantenerci mentalmente neutrali circa lo stato del chakra che stiamo testando. Il pendolino deve essere tenuto molto vicino al chakra, senza però toccare il corpo della persona: dalla tabella posta in Appendice si ricaveranno le interpretazioni dei movimenti, riuscendo così a capire quali chakra sono squilibrati e come si caratterizzano tali squilibri.

Se il terapeuta, grazie a doti sensitive, è in grado di sintonizzarsi con un determinato livello dell'aura, la lettura dei chakra effettuata tramite il pendolino si riferirà a quel livello (come abbiamo detto, i chakra sono presenti in tutti e 7 i corpi sottili). In assenza di una sintonizzazione specifica, il pendolino legge generalmente la condizione dei chakra appartenenti al corpo emotivo, poiché tali vortici sono caratterizzati dai colori specifici che vengono tradizionalmente attribuiti a ciascuno di essi: lo schema mentale del colore di ciascun chakra condiziona infatti il livello sul quale comunemente ci si sintonizza. Mantenendo lo schema mentale del colore di ciascun vortice nella scelta delle pietre, diamo preponderanza alla terapia sul corpo emotivo: è per questa ragione che gli effetti più frequentemente riscontrabili in una seduta di cristalloterapia sono di carattere emotivo. La cristalloterapia condotta secondo le modalità ordinarie agisce in prevalenza sui 3 livelli inferiori del campo aurico (corpo eterico, corpo emotivo e corpo mentale), e talvolta sul 4° livello (corpo astrale): per influire sui livelli superiori, dal 5° al 7°, è necessario avere sviluppato doti di sensitività atte a trasferire le energie delle pietre sul piano spirituale. L'azione terapeutica sugli strati aurici inferiori non è comunque da sottovalutare: sappiamo che i corpi sottili sono tutti interconnessi tra di loro, pertanto l'irradiazione energetica localizzata su alcuni di essi si trasmette anche agli altri, seppure con intensità man mano decrescente.

Un chakra aperto e armonicamente attivo corrisponde alla rotazione circolare del pendolino in senso orario; rotazioni circolari in senso antiorario, rotazioni ellittiche oppure oscillazioni di altro tipo si riferiscono a un chakra disarmonico, che indica la presenza di «un'area problematica nel suo corrispettivo aspetto psicologico»[28]. Se il vortice mostra di non metabolizzare bene l'energia del campo universale, ne possiamo dedurre che «i sentimenti e le esperienze psicologiche di pertinenza di quel chakra non sono equilibrati», e che in ultima analisi «la persona avrà, in quell'area, esperienze negative»[29]. In particolare, un chakra che ruota in senso antiorario segnala che esso non assorbe energia dal campo universale, ma al contrario la emette verso l'esterno, cosicché le aree psicologiche e comportamentali riferibili al chakra vengono attribuite al mondo che ci circonda, alle altre persone e agli ambienti che frequentiamo, dando luogo al fenomeno che gli psicologi chiamano *proiezione*. Per fare un esempio, se un soggetto è incline al vittimismo e si aspetta di ricevere dal mondo solo esperienze negative, il moto antiorario del 5° chakra posteriore (che tra l'altro è connesso con la capacità di ricevere) segnalerà che questo soggetto riceve le varie esperienze che lo investono attribuendo loro connotazioni ostili, mentre la rotazione antioraria del 5° chakra anteriore indicherà che egli *proietta* all'esterno quelle espe-

[28] Brennan, *Mani di luce*, op. cit., p. 85.

[29] *Ibidem*.

rienze negative, le quali sono insite dentro di lui. Continuando con l'attribuire agli altri, alla società, alla famiglia e via dicendo le cause della propria insoddisfazione, una persona di questo tipo finirà con l'attirare veramente a sé, attraverso la legge della risonanza[30], le situazioni negative che si aspetta.

Riguardo alla rotazione di un chakra, maggiore è l'ampiezza riscontrabile con il pendolino, maggiore è la quantità di energia che passa nel vortice stesso; sebbene l'ampiezza della circonferenza descritta non corrisponda esattamente al diametro effettivo del chakra, essa ne è comunque un'indicazione. Inoltre, la condizione dei chakra analizzabile mediante il pendolino non deve essere presa come assoluta rispetto alle caratteristiche costituzionali della persona: un soggetto può avere il 4° chakra anteriore (correlato alla capacità di amare) che solitamente funziona bene ma che, in quel dato momento in cui viene effettuato il test, indica con il suo movimento irregolare la presenza di uno squilibrio passeggero imputabile ad esempio a un litigio avvenuto poco prima, che ha lasciato tracce di rabbia a livello del cuore. Solo da controlli ripetuti in giorni successivi si potrà quindi avere la certezza di quali chakra illustrino, con il loro movimento costantemente disarmonico, una serie di problemi radicati in profondità, e quali invece siano stati interessati da squilibri dovuti a circostanze transitorie. Ancora una volta giova ricordare che è indispensabile non limitarsi a una diagnosi energetica silenziosa, basata esclusivamente sull'uso del pendolino, poiché la raccolta dei dati deve sempre essere integrata attraverso il dialogo con la persona.

Nell'analisi dei 7 chakra principali si daranno le informazioni essenziali per comprenderne la natura e per attuare la terapia con i cristalli; riguardo ai vortici dal 2° al 6° compresi, che presentano un aspetto anteriore e uno posteriore, verranno distinte le funzioni attribuite a ciascun aspetto. A questo proposito bisogna far notare che, se gran parte dei cristalloterapeuti tende a trattare esclusivamente i chakra anteriori, in molti casi è tuttavia indispensabile agire anche sui chakra posteriori per promuovere un riequilibrio energetico completo e per affrontare le proble-

[30] La legge della risonanza fa parte del più ampio concetto di karma, e stabilisce che ciascuno di noi, per la complessa rete di legami, anche sottili, che ci unisce al mondo e ai nostri simili, possa entrare in relazione solo con quelle esperienze, positive o negative, che risuonano con lui, con la sua personalità, con i lati luminosi e oscuri della coscienza.

matiche di pertinenza dei vortici posti sul retro del corpo. Come giustificazione alla prassi di agire solo sui chakra anteriori, qualcuno potrebbe affermare che la posizione supina permette di raggiungere più facilmente e più rapidamente lo stato di rilassamento necessario: ciò è sicuramente vero, ma ricorrendo ad alcuni accorgimenti, tra cui un lettino da terapia adatto allo scopo, si riesce a indurre un sufficiente stato di rilassamento anche in una persona stesa in posizione prona. I 5 chakra posteriori vengono trattati con le stesse pietre indicate per i chakra anteriori: ma dato che il soggetto deve stare sdraiato sul ventre, per permettere il posizionamento delle pietre sulla nuca e sul retro della testa (chakra posteriori 5° e 6°) e per evitare che la testa piegata da un lato ostacoli il rilassamento, si ricorrerà a un lettino da terapia dotato di un apposito foro nel quale inserire il viso, cosicché la persona non risenta di tensioni al collo e riesca a respirare senza sforzo.

Per ciascun chakra viene proposto un rimedio floreale di Bach adatto al riequilibrio del chakra stesso, sia nel suo aspetto anteriore che in quello posteriore. Vengono inoltre consigliati alcuni dei rimedi floreali californiani *FES Quintessentials*, prodotti dalla Flower Essence Society di Nevada City[31], anch'essi utili per il trattamento diretto dei chakra anteriori e posteriori. I chakra interessati dall'azione delle essenze floreali sono principalmente quelli situati nel corpo emotivo: i benefici si estendono talvolta agli altri due livelli inferiori dell'aura, cioè il corpo eterico e il corpo mentale. I fiori di Bach e i californiani in risonanza con i chakra sono stati individuati grazie alla sperimentazione diretta sul corpo fisico, in corrispondenza dei singoli centri energetici, ricorrendo al pendolino e al test kinesiologico per verificare l'avvenuto ripristino della rotazione oraria di ciascun vortice sotto l'azione del rimedio. Fra i 38 fiori che costituiscono la gamma di Bach, 7 in particolare sembrano avere un effetto di riequilibrio netto dei relativi chakra, nel caso in cui i chakra siano sfasati per carenza di energia: quando cioè in un vortice vi sono dei vuoti, delle mancanze. Al contrario, questi 7 fiori non si rivelano efficaci quando i chakra presentano delle congestioni, degli eccessi di energia: per casi simili, può essere utile trattare i chakra in oggetto, indipendentemen-

[31] Per uno studio dei fiori californiani, si veda: Fabio Nocentini, *Iniziazione ai rimedi floreali californiani. I 103 fiori FES Quintessentials per un dialogo d'amore con la natura*, Roma, Edizioni Mediterranee, 1998. Per approfondire la conoscenza dei fiori di Bach, tra i molti testi oggi disponibili si consiglia: Mechthild Scheffer, *Terapia con i fiori di Bach*, Milano, TEA, 1995.

te dal colore, con un elisir di onice bianca. L'eccesso di energia in un chakra risente anche della vibrazione calmante di certi rimedi floreali, in particolare: *Impatiens*, *Vervain* e i californiani *Calendula* e *Snapdragon* (5° chakra), *Chamomile*, *Dandelion*, *Dill*, *Lavender*. Mentre l'onice bianca esplica un'azione generica sulle congestioni di energia e quindi la si usa in maniera aspecifica, per controllare quale fiore sia più adatto al chakra che vogliamo bilanciare si ricorre al test kinesiologico oppure, più semplicemente, al pendolino: il flaconcino contenente il rimedio viene poggiato sul corpo fisico in corrispondenza del vortice energetico; quindi, sospendendo su di esso il pendolino, si ha modo di verificare se l'oscillazione dello strumento viene influenzata positivamente.

Ciascuno dei 7 rimedi floreali manifesta un effetto immediato di riequilibrio del vortice energetico a cui si riferisce se viene applicato puro (almeno 4-5 gocce) sulla pelle, nel punto preciso di collegamento tra chakra e corpo fisico (vedi descrizione di ogni singolo chakra). Ci si serva a questo scopo di una pipetta o di un bastoncino di vetro (ad esempio la pipetta in dotazione con i flaconcini di vetro da 30 ml, vuoti, reperibili in farmacia), soprattutto per spandere le gocce, evitando di usare le dita ed evitando di toccare la pelle con il contagocce della boccetta contenente il rimedio. Il riequilibrio è immediato, ma la durata di tale riequilibrio è in genere transitoria: per assicurare un effetto più stabile, il rimedio floreale deve essere applicato sul punto 2 volte al giorno, una volta la mattina e una volta la sera, tutti i giorni, per almeno un mese. Tale prassi gioverà quando un soggetto presenta delle sfasature e dei vuoti energetici costituzionali in determinati chakra.

Nella tabella in Appendice sono illustrate le corrispondenze tra i fiori di Bach e i cristalli: coloro che si intendono di floriterapia potranno avvalersi di questo strumento per abbinare al rimedio floreale prescelto le pietre più adatte, le quali verranno usate per la preparazione di rimedi liquidi (acque energizzate ed elisir) o per la meditazione. L'impiego di tali pietre rappresenta un aiuto in più rispetto alla sola assunzione dei rimedi floreali: sia la pietra propriamente corrispondente a ciascun fiore (definita "pietra principe"), sia le pietre che presentano analogie con il fiore in oggetto (definite "pietre complementari"), sono in grado di integrare e potenziare l'azione del rimedio floreale stesso, apportando sfumature diverse e più particolari nell'ambito del riequilibrio energetico a cui vogliamo pervenire.

1° CHAKRA

Plesso radicale

Nome sanscrito: *Muladhara* ("radice, base").

Tipo di energia: energia fisica.

Età evolutiva: da 0 a 7 anni (periodo in cui si forma il corpo fisico).

Parole e frasi chiave: "Io esisto"; sorgente dell'energia vitale, sopravvivenza, radicamento, autoaffermazione, attaccamento alla vita, volontà di vivere nella realtà fisica, senso della posizione e del movimento del proprio corpo nello spazio. Regno degli istinti primari. Secondo il pensiero orientale, in questo chakra ha sede l'energia *kundalini*[32].

Colore: rosso, rosso scuro. Colori complementari: nero, grigio, marrone.

Elemento: Terra.

Organi fisici collegati: ano, retto, ultimo tratto dell'intestino, arti inferiori, reni, colonna vertebrale all'altezza del sacro e del coccige. Corrispondenza con sangue e apparato circolatorio.

Ghiandola endocrina: ghiandole surrenali (le surrenali producono adrenalina, e l'adrenalina aumenta in caso di paura: la paura è legata all'istinto di sopravvivenza).

Correlazioni fisiche: stanchezza, astenia, mancanza di forza fisica, sindrome da affaticamento cronico, debolezza alle gambe, scarsa energia sessuale, stitichezza, problemi di intestino, emorroidi, sensazione di vuoto ai reni, problemi alle surrenali, anoressia.

Correlazioni psichiche ed emotive: incapacità di imporsi, scarsa voglia di vivere, scarso coraggio, debole capacità di far sentire agli altri che si esiste, difficoltà di prendere decisioni per paura di non farcela, scarsa vitalità, problemi relativi al denaro (avarizia o eccessiva prodigalità),

[32] Nello yoga la *kundalini* (dal sanscrito *kundal*, "spirale") è un'energia addormentata in forma di serpente arrotolato su se stesso, collocata alla base della colonna vertebrale, che gli yogi risvegliano con apposite pratiche per farla risalire dal 1° chakra verso i chakra superiori. Essa rappresenta la forza vitale, l'energia cosmica presente in tutti gli esseri umani, capace di attraversare i chakra attivandoli e stimolandone le funzioni. Se opportunamente convogliata nel chakra del cuore, questa energia permette di trasformare le componenti istintive e sessuali della personalità in amore universale, mentre facendola risalire nel chakra coronale essa esalterà il lato spirituale dell'individuo.

incapacità di essere concreti, difficoltà a stare con i piedi per terra. Il chakra controlla una sessualità di tipo maschile, aggressiva, terrena e materiale, intesa come soddisfacimento di una brama.

Fiore di Bach: *Centaury* ("Io esisto": il fiore lavora sulla debolezza di autoaffermazione e, fisicamente, sulla cistifellea).

Fiori californiani: *California Pitcher Plant*, *Manzanita*, *Mountain Pride*, *Rosemary*.

Posizione del chakra sul corpo fisico: zona del perineo. Per l'applicazione dei rimedi floreali, il chakra può essere raggiunto dall'attaccatura dei peli pubici; per il trattamento di cristalloterapia, le pietre vengono collocate sugli inguini.

Alimento specifico per rafforzare il chakra: carne rossa.

Pietre adatte al 1° chakra: agata rossa, diaspro rosso, eliotropio, ematite, granato, legno pietrificato di colore marrone o bruno, occhio di bue, onice nera, ossidiana "fiocco di neve", ossidiana nera, quarzo fumé, realgar, rubino e radice di rubino, spinello rosso, topazio rosso, tormalina nera, tormalina rossa.

N.B.: per trattare il 1° chakra occorrono sempre 2 pietre uguali da porre sugli inguini (una su ciascun inguine); altrimenti, le pietre dovranno essere poste in mezzo alle gambe, in prossimità del perineo, su un supporto di materiale naturale.

• Se il 1° chakra è armonico, abbiamo: *vitalità*.

2° CHAKRA

Plesso sacrale

Nome sanscrito: *Svadhisthana* ("collocato nel suo proprio posto").

Tipo di energia: energia sessuale.

Età evolutiva: da 8 a 14 anni.

Parole e frasi chiave: "Io sento"; emozioni, sensazioni, emozioni "liquide" (rabbia, lacrime, gioia, possessività), dare e ricevere, carico e scarico, capacità di assorbire, scambio con l'altro sesso, sensualità e sessualità, procreazione.

Colore: arancione. Colore complementare: bianco latte.

Elemento: Acqua.

Aspetto anteriore: è legato alla sessualità in modo più diretto rispetto al chakra posteriore; innesca l'attrazione fisica per un altro individuo, governa la potenza sessuale, l'intensità dell'orgasmo e le modalità con cui raggiungerlo. Si riferisce alla facoltà di generare, sia negli uomini che nelle donne: ma tale ambito coinvolge anche il vortice posteriore, per le paure inconsce che possono influire sulla prestazione sessuale e sulla fertilità. La quantità di energia sessuale è inoltre correlata al funzionamento del 1° chakra. L'aspetto anteriore del 2° chakra metabolizza poi l'energia emotiva in modo che essa si manifesti in modo evidente, senza essere trattenuta, a meno che non vi siano blocchi nell'aspetto posteriore. Le valenze che riguardano l'aspetto anteriore sono riconducibili a toni di tipo yang, anche se il plesso sacrale, come tutti i chakra pari, è in risonanza con modelli archetipici yin (maternità, paternità, emozioni, sensazioni, sessualità dalle sfumature sentimentali). Se il chakra anteriore è armonico e il posteriore disarmonico, l'individuo riuscirà a palesare il desiderio sessuale e i sistemi diretti ad appagarlo, ma probabilmente non sarà in grado di ottenere una soddisfazione completa, visto che paure inconsce o fantasie sessuali eccessive lo fuorvieranno, limitandolo. Viceversa, il soggetto segnato dalla disarmonia del chakra anteriore ma che può contare sulle energie armoniche del chakra posteriore non sarà influenzato da pulsioni rimosse, ma potrebbe soffrire per impedimenti di altro tipo, come la difficoltà a raggiungere l'orgasmo e la scarsa capacità di manifestare l'energia sessuale. Lo stesso dicasi per le altre aree di pertinenza del plesso sacrale, come le emozioni e i timori di vario tipo.

Aspetto posteriore: controlla le paure e le fantasie relative alla sessualità che vengono taciute o di cui non si ha consapevolezza; ha a che fare con emozioni e sensazioni rimosse; riguarda le esperienze della procreazione, della nascita e della rinascita su cui aleggiano dubbi, inquietudini, tensioni di vario tipo. Si opera su questo chakra anche nel caso che un soggetto soffra perché si sente o si è sentito rifiutato sessualmente, o nel caso che vi sia una negazione del valore della maternità e della paternità. È un chakra che esplica funzioni più propriamente ricettive. Se questo centro ruota in senso antiorario, è probabile che la persona abbia immagini negative riferite al sesso, o fantasie sessuali estremamente stravaganti, o ancora tendenza alla promiscuità e a cambiare spesso partner: la facilità a mettere in atto simili comportamenti sarà accentuata se il chakra anteriore ruota in senso orario.

Organi fisici collegati: apparato genitale: ovaie, utero, testicoli, prostata; intestino, mucose intestinali, reni, vescica, colonna vertebrale nella zona lombare.

Ghiandola endocrina: gonadi.

Correlazioni fisiche: problematiche sessuali, insoddisfazione sessuale, difficoltà nell'orgasmo, frigidità, impotenza sessuale, problemi di fertilità (sterilità), disturbi a reni e vescica, enuresi, problemi mestruali, problemi alle gonadi, difficoltà relative alla gravidanza.

Correlazioni psichiche ed emotive: difficoltà di gioire, difficoltà di provare piacere e godimento, paura di perdere il controllo, eccesso di controllo, difficoltà di lasciarsi andare, eccesso di fantasie sessuali, paura di essere ingannati, di subire raggiri, diffidenza, mancanza di fiducia negli altri. Il chakra controlla una sessualità di tipo femminile, emotiva, passiva, sentimentale, che comprende la sensibilità, la passione, il desiderio di raggiungere l'estasi con il partner.

Fiore di Bach: *Cherry Plum.*

Fiori californiani: *Basil* (collegamento tra 2° e 7° chakra), *Calla Lily, Easter Lily, Hibiscus, Sticky Monkeyflower.*

Posizione del chakra anteriore sul corpo fisico: 3-4 dita sotto l'ombelico.

Posizione del chakra posteriore sul corpo fisico: zona lombare, sopra l'osso sacro.

Alimento specifico per rafforzare il chakra: pesce.

Pietre adatte al 2° chakra: pietra di Luna, agata arancione, aragonite arancione, calcite arancione, corniola arancione, diaspro arancione, dolomite, occhio di gatto, onice corniola (colore bianco-arancione), opale bianco, opale di fuoco, pietra di Sole, spinello arancione, topazio arancione.

• Se entrambi gli aspetti del 2° chakra sono armonici, abbiamo: *piacere.*

3° CHAKRA

Plesso solare

Nome sanscrito: *Manipura* ("città della gemma").

Tipo di energia: energia nervosa, punto di passaggio tra energia fisica ed energia mentale.

Età evolutiva: da 15 a 21 anni.

Parole e frasi chiave: "Io voglio"; rapporto con i propri simili, con la società e con la dimensione sociale; gestione del potere personale, gioia di vivere. Collegamento tra piano istintivo e piano emotivo. Chakra dell'ego, della volontà: è da trattare sia nel caso di persona debole, "smidollata", sia nel caso di persona troppo rigida, troppo volitiva. Chakra della disciplina. Il "cervello addominale", collegato all'istinto e alla creatività. È il chakra di tutti coloro che lavorano con i muscoli, dagli sportivi a chi usa i muscoli nel lavoro.

Colore: giallo. Colore complementare: oro.

Elemento: Fuoco.

Aspetto anteriore: è connesso con il desiderio di imporre la propria volontà direttamente sul mondo. Riguarda l'affermazione della personalità, in conseguenza della quale proviamo una sensazione di soddisfazione. Attraverso il funzionamento corretto di questo chakra riusciamo a raggiungere le cose che ci interessano, possiamo svolgere le azioni opportune per soddisfare i nostri intenti e ci sentiamo sicuri e soddisfatti del posto che occupiamo nel mondo, sviluppando il senso di appartenenza all'universo. L'aspetto anteriore del chakra ci illumina su come riusciamo a gestire il potere personale e sui rapporti con gli altri; il moto in senso orario indica un atteggiamento positivo riguardo agli aiuti che possono essere ottenuti dalle altre persone, le quali vengono viste non come ostacoli (una delle condizioni, questa, indicata invece dal moto antiorario) ma come sostegni per raggiungere i propri scopi e per emergere nella vita. Se il chakra è armonico, l'individuo agisce con "trasparenza" nella sua ricerca di successo. L'apertura dell'aspetto anteriore di manipura chakra fa sì che il cibo venga trasformato in energia (per questo processo sono comunque importanti anche i chakra minori dello stomaco, della milza e del fegato), i pensieri diventino azioni e l'attività lavorativa produca soddisfazione e tornaconto economico.

Aspetto posteriore: per il fatto di essere collocato sul lato posteriore del corpo, questo chakra presenta sfumature di tipo yin; avremo dunque che esso si collega a quelle caratteristiche di maggior sensibilità necessarie per ottenere il successo nel mondo e per affermare la propria volontà. Tale vortice è in risonanza con le possibilità di autorealizzazione che prevedono l'uso di facoltà intellettuali di tipo riflessivo, più metodiche e lente rispetto alle qualità impulsive tipiche del vortice anteriore. Mentre l'aspetto anteriore riguarda l'affermazione diretta della volontà e dell'iniziativa personale, l'aspetto posteriore controlla le opinioni che ci formiamo sui mezzi e sulle strategie per giungere al successo. Secondo Dale, «in questa sede gli individui possono correggere giudizi negativi, falsità e presupposti erronei, per permettere alla propria propensione al successo (così come essi lo intendono) di operare a proprio vantaggio, anziché a proprio svantaggio»[33].

Organi fisici collegati: stomaco, apparato della digestione, fegato, cistifellea, milza, pancreas apparato muscolare (tutto quello che riguarda la "forza"), schiena, sistema immunitario, sistema nervoso autonomo. Il chakra controlla la termoregolazione dell'organismo.

Ghiandola endocrina: pancreas endocrino (*isole di Langerhans*).

Correlazioni fisiche: disturbi digestivi, bruciori di stomaco, alito cattivo, ulcera gastrica, disfunzioni epatiche, disturbi del pancreas (diabete, iperinsulismo) malattie del sistema immunitario.

Correlazioni psichiche ed emotive: malattie psicosomatiche, ansia, nervosismo, depressione, dipendenze varie, egoismo, rabbia, rancore, intolleranza, avidità (sia di beni materiali che di beni spirituali, di evoluzione), sensazione di pugno nello stomaco (somatizzazioni al plesso solare), desiderio di potere, disturbi dell'alimentazione, anoressia, bulimia, difficoltà di rapportarsi con il corpo fisico.

Fiore di Bach: *Crab Apple* (perché tale fiore rappresenta la purezza, la trasparenza, la pulizia della persona: quindi un soggetto in equilibrio, non avido, che ben si rapporta con se stesso e con la società è un soggetto "trasparente", non contaminato da emozioni basse).

Fiori californiani: *Blackberry*, *Larkspur*, *Quince*, *Sunflower*.

Posizione del chakra anteriore sul corpo fisico: subito sotto lo sterno, alla bocca dello stomaco, dove si sente la fossetta.

Posizione del chakra posteriore sul corpo fisico: zona centrale del dorso, nel punto corrispondente al plesso solare.

Alimento specifico per rafforzare il chakra: cereali.

[33] Dale, op. cit., p. 146.

Pietre adatte al 3° chakra: agata gialla, ambra, calcite gialla, fluorite gialla, labradorite con iridescenza gialla, occhio di bue, occhio di tigre, pietra di Sole, pirite, quarzo ametrino, quarzo citrino, quarzo rutilato, topazio giallo, tormalina gialla.

• Se entrambi gli aspetti del 3° chakra sono armonici, abbiamo: *equilibrio mente-corpo, sicurezza di sé, senso di appartenenza all'universo.*

4° CHAKRA

Plesso cardiaco

Nome sanscrito: *Anahata* ("non colpito", ma anche "risuonante senza percussione": si riferisce al battito cardiaco e al suono di natura trascendente, prodotto senza l'urto di due cose, che gli yogi riescono a percepire in meditazione).

Tipo di energia: energia affettiva.

Età evolutiva: da 22 a 28 anni.

Parole e frasi chiave: "Io amo"; amore, affetto, amicizia, relazioni sociali e affettive, sentimento, condivisione, compassione, perdono. Potere di guarigione. Cerniera di passaggio tra piano fisico e piano spirituale.

Colore: verde. Colore complementare: rosa.

Elemento: Aria.

Aspetto anteriore: il 4° chakra anteriore ci dà informazioni sul modo in cui il soggetto ama, ad esempio sulla sua maggiore o minore capacità di offrire amore incondizionato non solo alle altre persone, ma anche agli animali, alla natura, al mondo e alla vita. Il buon funzionamento del chakra denota attitudine alla compassione e al perdono: per un terapeuta, è importante che questo chakra sia forte, poiché è connesso con il potere di guarigione. Se il chakra è disarmonico, si avrà difficoltà ad amare senza aspettarsi nulla in cambio e riuscirà difficile apprezzare i propri simili nella loro interezza, dato che verranno considerati in primo luogo i difetti e non la luce che traspare da ciascuna persona seppur in presenza di lati irrisolti. Problemi nelle relazioni sociali, nelle amicizie e nel rapporto a due sono parimenti riconducibili a disarmonie di questo vortice. Fungendo da centro di trasformazione delle energie terrene in energie spirituali e viceversa, il 4° chakra svolge un ruolo di rilievo; anche per Brennan «il chakra del cuore è il più importante nella dinamica terapeutica; infatti, tutte le energie trasformate dai vari chakra risalgono la corrente energetica verticale e principale, [...] e passano nel chakra del cuore prima di uscire dalle mani o dagli occhi del terapeuta»[34].

Aspetto posteriore: anche l'aspetto posteriore del 4° vortice è legato alla guarigione. In particolare, esso controlla l'amore per se stessi e per il proprio corpo, la volontà di mantenersi sani e in forma: è attraverso l'amore e il rispetto per se stessi che si riesce a dare amore agli altri. Questo chakra è poi deputato a ricevere l'amore che gli altri ci rivolgono; si collega al raggiungimento della propria vocazione, allo scopo di ciascuno di noi nella vita e ai desideri che più vorremmo realizzare. Nel caso di problemi cardiaci e di disturbi della circolazione è bene trattare sia il chakra anteriore che il posteriore. Spesso anche le costrizioni di natura affettiva rispondono all'aspetto posteriore del 4° chakra.

Organi fisici collegati: cuore, polmoni, bronchi, parte più profonda della trachea, braccia, mani, valvola mitrale, petto, parte superiore del dorso. Il chakra controlla la pressione sanguigna.

Ghiandola endocrina: timo.

Correlazioni fisiche: disturbi cardiocircolatori, aritmie cardiache, iper e ipo tensione, angina pectoris, problemi alle coronarie, asma, dolori articolari alle mani, disturbi del timo.

Correlazioni psichiche ed emotive: "cuore infranto", dispiaceri affettivi, persona che sente il mondo ostile, mancanza di fiducia negli altri, incapacità di perdonare, invidia, gelosia, odio, mancanza di generosità e di compassione.

Fiore di Bach: *Holly*.

Fiori californiani: *Bleeding Heart*, *Borage*, *Oregon Grape*, *Trillium*. Specifici per i terapeuti (4° chakra posteriore): *Star Tulip* e *Yellow Star Tulip*.

Posizione del chakra anteriore sul corpo fisico: zona del cuore.

Posizione del chakra posteriore sul corpo fisico: fra le scapole.

Alimento specifico per rafforzare il chakra: verdura.

[34] Brennan, *Mani di luce*, op. cit., p. 81.

Pietre adatte al 4° chakra: alessandrite, amazzonite verde, avventurina verde, calcite verde, crisoprasio, dioptasio, eliotropio, fluorite rosa, fluorite verde, giada, kunzite, labradorite di tonalità verde, lepidolite, malachite, moldavite, peridoto, quarzo rosa, rodocrosite, rodonite, smeraldo e radice di smeraldo, spinello verde, tormalina rosa, tormalina rosa-verde (tormalina "anguria"), tormalina verde.

• Se entrambi gli aspetti del 4° chakra sono armonici, abbiamo: *amore*, *compassione*, *armonia con gli altri e con il mondo*.

5° CHAKRA

Plesso laringeo

Nome sanscrito: *Vishuddha* ("purificazione").

Tipo di energia: energia della vibrazione sonora.

Età evolutiva: da 29 a 35 anni.

Parole e frasi chiave: "Io comunico"; verità personale, comunicazione, condivisione verbale, ascolto, espressione di sé, capacità di trasmettere agli altri ciò che si conosce. Ascesa professionale, rapporti e situazioni che investono l'ambiente di lavoro. Responsabilità. Potere del suono e della parola. Centro della comunicazione in tutte le sue forme, il 5° chakra è anche associato alla facoltà di ricevere e alla creatività di qualunque tipo: artistica, letteraria, musicale.

Colore: azzurro. Colore complementare: blu.

Elemento: Etere.

Aspetto anteriore: riguarda l'espressione e la comunicazione, ma anche la capacità di assumersi la responsabilità delle proprie azioni e delle proprie convinzioni. Poiché si tratta di un centro energetico di valenza yang-yang (chakra anteriore di numero dispari), tale vortice esplica funzioni di tipo maschile, attivo, e si collega a tutti i timori del "buttare fuori" ciò che si ha dentro: il malfunzionamento di questo centro può indicare la paura di subire le critiche altrui senza saperle fronteggiare e senza essere in grado di reagire con diplomazia. Viene dunque riflessa dalle disarmonie di questo vortice anche l'incapacità di entrare in contatto con gli altri attraverso la comunicazione. Esso è estremamente importante nelle attività creative, nell'oratoria, nel canto, nell'insegnamento, e in tutte quelle occupazioni in cui si devono manifestare all'esterno le verità e i valori personali. La condizione di questo chakra ci informa sulle facoltà di far conoscere agli altri quello che sappiamo, oltre al nostro valore e alla nostra personalità. Relativamente alla professione e all'ambiente di lavoro, l'aspetto anteriore del plesso laringeo rivela il modo con cui ci vedono gli altri, come ci presentiamo, l'impressione che facciamo e le possibilità che abbiamo di farci apprezzare; segnala infine la natura dei rapporti diretti con i colleghi e la voglia di migliorare professionalmente.

Aspetto posteriore: riflette la capacità di ricevere. Il rapporto dell'aspetto posteriore con il campo professionale, con l'ambiente di lavoro e con i colleghi mostra tendenze di tipo più ricettivo: ci riferiremo pertanto a questo chakra per studiare l'immagine che la persona ha di sé, la sicurezza o l'insicurezza nel saper svolgere la propria professione, e anche la soddisfazione che si trae da quest'ultima. In presenza di oscillazioni disarmoniche, tale vortice può indicare l'orgoglio con cui si cerca di mascherare la carente autostima in faccende professionali, cosa che può indurre al vittimismo; inoltre, possiamo rintracciare in quest'area il timore di fallire. Attraverso questo chakra vengono assimilati «pensieri, idee, e concetti provenienti da altri individui, da altre dimensioni, da altri aspetti dell'essere»[35]: pertanto, si riferiscono al 5° chakra posteriore le modalità e la qualità dell'apprendimento, oltre a certi tipi di contatto con gli spiriti guida (*channelling* verbale). Tutte le nozioni che l'individuo apprende «penetrano attraverso la nuca per poi passare nella parte frontale verbale e cosciente, dove il soggetto accoglie i consigli che ritiene opportuni per sé ed elimina quelli inadatti»[36]. Il 5° chakra posteriore simboleggia dunque la fucina in cui, immettendo materiale prodotto da altri, si forgiano le proprie verità, che il chakra anteriore provvede poi a rilasciare all'esterno. Se questo chakra è debole, la persona potrebbe lasciarsi influenzare dalle opinioni altrui senza essere in grado di valutarle attentamente; all'opposto, se il chakra è forte, essa potrà contare sulla capacità di aprirsi con discernimento alle informazioni che arrivano dall'esterno. La terapia di questo chakra è di fondamentale importanza nel caso di soggetti che risentono delle influenze negative di entità esterne: si useranno pertanto le pietre di protezione, come l'ossidiana nera, indipendentemente dal colore del chakra.

[35] Dale, op. cit., p. 149.

[36] *Ibidem.*

Organi fisici collegati: gola, faringe, laringe, parte alta della trachea, orecchie, bronchi e polmoni, apparato respiratorio, nuca, bocca, denti. Il chakra controlla anche le ghiandole linfatiche.

Ghiandola endocrina: tiroide, paratiroidi.

Correlazioni fisiche: mal di gola, problemi alla tiroide (ipo e ipertiroidismo), tosse, bronchite, disturbi respiratori, asma, problemi alla bocca, afte, mal di denti, disturbi all'orecchio, labirintite.

Correlazioni psichiche ed emotive: difficoltà nella comunicazione e nell'espressione verbale, nodo alla gola, tendenza alla menzogna, incapacità di esprimere le proprie verità, timore di non essere capiti e di non piacere, tendenza a evitare il contatto interpersonale ritirandosi nel proprio orgoglio per non subire il rifiuto da parte degli altri.

Fiore di Bach: *Water Violet.*

Fiori californiani: *Calendula, Cosmos, Iris, Snapdragon, Trumpet Vine, Violet.*

Posizione del chakra anteriore sul corpo fisico: sul pomo d'Adamo negli uomini, sulla corrispondente piega del collo nelle donne. Per posizionare le pietre, il chakra può essere raggiunto dalla fossetta alla base del collo.

Posizione del chakra posteriore sul corpo fisico: parte bassa della nuca.

Alimento specifico per rafforzare il chakra: frutta, succhi, liquidi in genere.

Pietre adatte al 5° chakra: acquamarina, agata azzurra, amazzonite azzurra, calcedonio azzurro, calcite blu, celestina, cianite, crisocolla azzurra, fluorite azzurra, labradorite con iridescenza azzurro-blu, lapislazzuli, sodalite, spinello azzurro, topazio azzurro, tormalina azzurra, turchese.

• Se entrambi gli aspetti del 5° chakra sono armonici, abbiamo: *espressione, contatto.*

6° CHAKRA

Plesso frontale

Nome sanscrito: *Ajna* ("percezione, conoscenza, comando").

Tipo di energia: energia mentale.

Età evolutiva: da 36 a 42 anni.

Parole e frasi chiave: "Io vedo"; visione, previsione, intuizione; chiaroveggenza, telepatia ed altre facoltà sensitive; stati alterati di coscienza. Potere mentale, facoltà intellettuali. Conoscenza. Sede della volontà, centro di comando degli altri chakra. Il 6° chakra è chiamato anche "terzo occhio"; corrisponde al chiasmo ottico.

Colore: indaco. Colore complementare: viola.

Elemento: Super Etere.

Aspetto anteriore: è il chakra associato alla comprensione di concetti mentali, alla facoltà di vedere il mondo e le situazioni in un'ottica più o meno ampia. Attraverso la forza di questo centro vediamo la realtà esterna – ma anche noi stessi – in maniera equilibrata, nitida, corretta; oppure, se il chakra è problematico, avremo una visione ristretta, errata o confusa dell'esistenza, delle situazioni, dei rapporti con gli altri e del rapporto con noi stessi. Se il vortice gira in senso antiorario, le immagini della realtà che il soggetto crea saranno negative: proiettandole all'esterno, queste immagini finiranno per produrre tutta una serie di situazioni reali ostili, o comunque sfavorevoli, nell'ambito delle quali il soggetto sarà chiamato a fare le proprie esperienze. La caratteristica di concepire idee particolarmente negative, che vengono poi trasferite in atteggiamenti effettivi, è correlata alla rotazione disarmonica e particolarmente ampia di questo chakra. Da un punto di vista fisico, pesanti alterazioni nel regolare moto orario del 6° centro anteriore corrispondono spesso a disturbi degli occhi e della vista. Se il chakra metabolizza una scarsa quantità di energia e dunque risponde al pendolino con oscillazioni di lieve entità (seppure in senso orario), si può dedurre che tale persona soffre di una carenza di idee, non comprende bene i concetti mentali e non ha sviluppato al meglio le facoltà intellettuali. Il funzionamento armonico del chakra segnala invece che il soggetto riesce a gestire le facoltà intuitive – o in certi casi le doti di tipo sensitivo – nella maniera appropriata, indirizzandole ai propri fini.

Aspetto posteriore: quanto è stato esposto per l'aspetto anteriore del plesso frontale riguarda anche l'aspetto posteriore, ma con la differenza che il chakra posto sul retro della testa rispecchia le *potenzialità* dell'individuo in merito alle idee, alle facoltà mentali e alle qualità intuitive. Le idee che devono ancora materializzarsi nella realtà del soggetto o che non sono ancora pervenute alla sua coscienza rientrano nella sfera del 6° chakra posteriore: tutte le fantasie non bene inquadrate e tutte le visualizzazioni inespresse hanno qui la loro sede. La sfiducia in se stessi, così come i dubbi sulle proprie capacità mentali e intuitive possono essere indicate dal moto disarmonico di questo vortice. Dato che l'aspetto posteriore del plesso frontale è riferibile a dinamiche yin-yin (cioè molto yin), la debolezza di questo centro rivela mancanza di lucidità nelle percezioni di qualunque sorta, caos mentale, confusione riguardo alle possibilità future, assenza di idee precise sul mondo, carenza di immaginazione, pessimismo circa il proprio cammino. Le dinamiche dell'aspetto anteriore e dell'aspetto posteriore consentono di capire quale sia la condizione mentale, intellettiva e intuitiva del soggetto esaminato: se il vortice anteriore è armonico e il posteriore disarmonico, esso avrà una visione di sé e della realtà positiva, ma gli sarà difficile cambiare i propri schemi mentali e partorire nuove idee; se si presenta la circostanza inversa, il soggetto sarà caratterizzato da capacità mentali potenziali che non riuscirà a mettere agevolmente in pratica. Particolarmente problematico, come ben si capisce, è il caso in cui il movimento di entrambi i vortici sia irregolare: tale individuo, oltre a non rendersi conto di ciò che può veramente fare a livello mentale, non valuterà correttamente né se stesso né la realtà che lo circonda.

Organi fisici collegati: occhi, in particolare l'occhio sinistro; una parte delle orecchie (alcuni disturbi delle orecchie rispondono al 5°, altri al 6° chakra), naso, vie aeree superiori, fronte, base del cervello.

Ghiandola endocrina: ipofisi.

Correlazioni fisiche: problemi di vista, mal di testa, cefalea frontale, disturbi ai muscoli facciali, disturbi alle vie aeree superiori, sinusite, labirintite, epilessia, disturbi dell'ipofisi.

Correlazioni psichiche ed emotive: confusione mentale, difficoltà a realizzare le proprie idee, insicurezza, mancanza di fiducia nelle proprie intuizioni, problemi nel cambiamento dei ritmi circadiani (per esempio, dormire di giorno e lavorare di notte), disturbi dati dal cambiamento di fuso orario (*jet-lag*).

Fiore di Bach: *Cerato.*

Fiori californiani: *Black-Eyed Susan, California Poppy, Filaree, Fuchsia, Lavender, Queen Anne's Lace.*

Posizione del chakra anteriore sul corpo fisico: tra le sopracciglia, più in alto o più in basso secondo le persone.

Posizione del chakra posteriore sul corpo fisico: retro della testa, all'incirca sulla sutura tra osso occipitale e osso parietale.

Alimento specifico per rafforzare il chakra: aria, respirazione.

Pietre adatte al 6° chakra: azzurrite, fluorite viola, iolite, lepidolite, occhio di falco, occhio di gatto, pietersite, quarzo ametista, sugilite, tanzanite (varietà di zoisite di colore indaco), tormalina indaco, zaffiro e radice di zaffiro.

• Se entrambi gli aspetti del 6° chakra sono armonici, abbiamo: *visione chiara*.

7° CHAKRA

Plesso coronale

Nome sanscrito: *Sahasrara* ("loto dai mille petali").

Tipo di energia: energia spirituale.

Età evolutiva: da 43 a 49 anni.

Parole e frasi chiave: "Io trascendo"; senso dell'infinito, trascendenza, misticismo, filosofia, multidimensionalità, abbandono del Sé. Centro di unificazione delle attività spirituali. Saggezza, beatitudine, illuminazione. Relazione con qualunque tipo di religione. Collegamento con la coscienza cosmica (l'*akasha* degli orientali)[37] e con l'energia divina. La terapia di questo chakra agisce a livello karmico, promuovendo lo scioglimento dei debiti karmici e accelerando il godimento dei crediti che sono inscritti nel karma individuale.

Colore: viola. Colori complementari: bianco, trasparenza incolore, oro.

[37] Secondo la tradizione orientale, l'*akasha* (termine sanscrito che designa "il cielo") è una specie di archivio cosmico in cui si raccoglie tutto il sapere universale, tutte le esperienze dell'umanità e tutto ciò che riguarda le altre dimensioni, gli avvenimenti già accaduti e quelli che devono ancora accadere, qualsiasi informazione relativa a persone, animali, oggetti, epoche e culture. È assimilabile all'inconscio collettivo di Jung: i sensitivi e gli illuminati hanno accesso alle informazioni contenute nell'akasha attraverso le facoltà dei chakra 6° e 7°.

Elemento: Luce.

Organi fisici collegati: occhio destro, cervello, calotta cranica, sistema nervoso centrale.

Ghiandola endocrina: epifisi.

Correlazioni fisiche: problemi all'epifisi, disturbi al cervello, al sistema nervoso centrale e agli occhi (in particolare all'occhio destro).

Correlazioni psichiche ed emotive: paure di origine sconosciuta, buio interiore, senso di alienazione, perdita di identità, mancanza della dimensione spirituale; mancanza di elasticità in ambito filosofico o religioso, bigottismo.

Fiore di Bach: *Aspen.*

Fiori californiani: *Angel's Trumpet*, *Angelica*, *Fawn Lily*, *Lotus*, *Purple Monkeyflower.*

Posizione del chakra sul corpo fisico: sulla sommità della testa, nel punto della fontanella.

Alimento specifico per rafforzare il chakra: luce.

Pietre adatte al 7° chakra: alessandrite, calcite "spato d'Islanda", diamante, fluorite viola, herkimer, lepidolite, marcasite, quarzo ametista, quarzo ametrino, quarzo ialino, sugilite.

• Se il 7° chakra è armonico, abbiamo: *unificazione e pace.*

4. Profilo delle pietre più comunemente usate in terapia

Diamo qui di seguito una descrizione delle pietre alle quali si ricorre, con maggiore assiduità, nelle sedute terapeutiche. Ciò non esclude che, in talune circostanze, ci si debba valere di pietre non studiate nella presente opera, sia perché il caso da trattare lo richieda sia perché il terapeuta abbia sviluppato la conoscenza di altri minerali. Alcune pietre sono state volutamente escluse non perché siano reputate inefficaci, ma per motivi quali eccessiva delicatezza, difficile reperibilità, insufficienza di dati relativi alle loro proprietà.

Ciascuna pietra viene delineata secondo le sue qualità *prevalenti*, accertate sia attraverso le esperienze accumulate in passato, sia attraverso la sperimentazione compiuta in epoca moderna; tuttavia, singoli esemplari potrebbero rivelare virtù differenti, che vanno al di là di quelle elencate. Non si commetta dunque l'errore di attenersi al profilo terapeutico di ciascuna pietra con uno schema di pensiero rigido, secondo il quale essa è in grado di intervenire solo in un certo tipo di disturbi specifici, così come si farebbe nella medicina allopatica: contro l'ansia un ansiolitico, contro l'infiammazione un antinfiammatorio, e via dicendo. Al contrario, si ricordi che, secondo quanto abbiamo già affermato, la cristalloterapia segue modalità analoghe a quelle dell'omeopatia, specialmente per ciò che concerne la ricerca delle pietre più appropriate al caso da trattare: spesso, in due soggetti diversi, allo stesso problema non corrisponderà la stessa pietra, ma, nello spirito delle discipline olistiche che considerano l'uomo come una totalità indivisibile, si dovrà per prima cosa studiare la persona nella sua unicità e solo in un secondo momento sarà possibile pervenire alla scelta delle pietre che meglio si intonano a quella particolare unicità.

Il terapeuta attento, dopo essersi addentrato nella disciplina e avere acquisito una certa esperienza, non mancherà di studiare e sperimentare per proprio conto altre pietre e altri cristalli che non rientrano nella presente esposizione, oltre naturalmente a tecniche energetiche diverse da quelle qui descritte: uno dei vantaggi della cristalloterapia è infatti quello di permettere l'espressione della creatività individuale, attraverso la quale, oltre ad aiutare gli altri, ci viene offerta l'occasione di approfondire l'autoconoscenza e migliorare così l'evoluzione personale.

Acquamarina

Silicato di berillio e alluminio.
Durezza: $7^1/_2$.
Colore: dall'azzurro pallido al blu.
Chakra: 5°.

L'acquamarina agisce come purificatrice del 5° chakra, donando chiarezza, sensibilità e innocenza all'espressione. È una pietra rassicurante, rasserenante, che si rivela utile in caso di incapacità di esprimersi per timidezza, ansia e timore del giudizio degli altri.

Ha effetto calmante relativamente alle patologie delle vie respiratorie; agisce nella balbuzie, nella tosse nervosa e nei disturbi della tiroide.

Agata

Biossido di silicio.
Durezza: $6^1/_2$-7.
Colore: poiché l'agata si presenta con striature di vari colori, la tinta dominante ne determina l'uso e le indicazioni.

Agata arancione

Chakra: 2°.

Agisce come tonico e stimolante quando le valenze mentali e gli organi fisici posti sotto il controllo del 2° chakra risultano "impigriti", astenici, privi di tono.

Agata azzurra

Chakra: 5°.

L'agata di colore azzurro-blu apporta tono ed energia nelle problematiche legate al 5° chakra: in particolare, assicura maggiore scioltezza ed elasticità all'espressione. Accentua la diplomazia, il buonumore, la capacità di ridere.

Agata gialla

Chakra: 3°.

È un buon fortificante, che infonde coraggio e fiducia nelle proprie possibilità. Indicata negli stati di sovraffaticamento transitorio, nelle tensioni derivate da un eccessivo carico di impegni e responsabilità. A livello fisico agisce sul pancreas.

Agata rossa

Chakra: 1°.

Dà tono ai muscoli e vitalità ai tessuti: è utile agli sportivi e a coloro che si sentono flaccidi, pigri, facilmente stancabili a livello fisico e muscolare.

Alessandrite

Ossido di berillio e alluminio.
Durezza: $8^1/_2$.
Colore: verde o violetto in relazione al tipo di luce a cui viene sottoposta.
Chakra: 4°, ma anche 7°.

L'alessandrite è una gemma rara, il cui prezzo sul mercato può superare quello del diamante; tuttavia, le sue proprietà sono così singolari che ci è sembrato opportuno citarla in questa sede. Si tratta di una varietà di crisoberillo rinvenuta per la prima volta sui monti Urali, intorno al 1830: le fu dato questo nome in onore del principe Alessandro II di Russia, che al momento della scoperta compiva la maggiore età. Alla luce solare l'alessandrite appare di colore verde, ma alla luce artificiale diventa rosso-violetto, quindi i vortici che più le si addicono sono il 4° e il 7°. Come tutte le gemme, ha effetti profondi e raffinati: rappresenta il carisma, la grandezza di pensiero, pertanto influisce sul senso di responsabilità potenziandolo e donando la maturità necessaria ad affrontare i molteplici aspetti della vita. Aumenta la «consapevolezza degli effetti creativi di ciascuna forma-pensiero sull'ambiente»[38]. Stimola la tendenza all'amore e alla spiritualità, fondamentale per ottenere l'appagamento interiore c il successo; nutre l'amore nelle sue connotazioni più sentimentali e sensuali, dunque è da usarsi per accrescere la sintonia con il partner, specialmente durante le ore notturne e nei momenti d'intimità.

[38] Balladori, op. cit., p. 116.

L'energia di questa gemma può coadiuvare efficacemente l'azione del rimedio floreale californiano *Fairy Lantern*, adatto a quei soggetti che tendono a rimanere "eterni bambini" e non vogliono assumersi le responsabilità della vita da adulti.

Per quanto riguarda il lato fisico, l'alessandrite agisce sul doppio chakra della milza, riequilibrandone le disarmonie; si rivela efficace sul metabolismo delle proteine e per trattare la leucemia, i tessuti nervosi e i vasi linfatici.

Amazzonite

Silicato di potassio e alluminio.
Durezza: $6^1/_2$.
Colore: azzurro-verde.
Chakra: 4°, 5°.

L'amazzonite si presenta in tonalità verdi e azzurre: secondo il colore dominante, si usa sul 4° o sul 5° chakra. Ha la proprietà di combattere le dipendenze di vario tipo, sia fisiche sia psicologiche: fumo, alcool, droga, medicinali, gioco d'azzardo e via dicendo. Infonde sicurezza, tenacia, perseveranza. Indicata nei casi di esaurimento nervoso e negli attacchi di panico. Sul 4° chakra è utile associarla alla kunzite: infatti l'amazzonite emana un'energia di tipo maschile, mentre la kunzite è pietra di valenza femminile, quindi insieme equilibrano le energie yin e yang del cuore.

Ambra

Resina fossile di una pianta estinta da milioni di anni, la *Pinus succinifera*.
Durezza: $2\text{-}2^1/_2$.
Colore: giallo in tutte le tonalità.
Chakra: 3°.

Pietra dalle proprietà antisettiche e disintossicanti: si usa per lenire i dolori e le nevralgie di vario tipo, contro le infezioni batteriche e virali. Manifesta un potere assorbente, al pari della malachite, esplicando in più azione purificante. Sul piano mentale, l'ambra è indicata per i soggetti freddi, solitari, depressi, malinconici che hanno bisogno di essere disintossicati e riscaldati, e per coloro che in generale sentono sempre freddo indipendentemente dalla pressione sanguigna. Agisce sui problemi di digestione e di stomaco.

Aragonite

Carbonato di calcio.
Durezza: $3^1/_2$-4.
Colore: sebbene l'aragonite si presenti in varie tonalità di colore, in terapia si usa la varietà "arancione", costituita da cristalli pseudoesagonali di colore marrone-aranciato.
Chakra: 2°.

L'aragonite ha principalmente la funzione di stimolante sessuale riguardo a una sessualità di tipo femminile, quindi basata sull'emotività, sulla ricettività, sulla passione e sui sentimenti. Induce flessibilità riguardo alle problematiche legate al 2° chakra. Agisce sull'elasticità dei legamenti, sulle rughe e sulla pelle ruvida. Per beneficiare di quest'ultima proprietà di tipo dermatologico, si consiglia di inserirla nel vasetto contenente la crema idratante o antirughe.

Avventurina

Biossido di silicio.
Durezza: 7.
Colore: si usa la varietà di colore verde.
Chakra: 4°.

Pietra dell'amicizia e della socialità, appartiene alla famiglia dei quarzi. Favorisce la gioia e la serenità con se stessi e con gli altri, allevia le ansie di natura affettiva, dona tranquillità emotiva e rappresenta un rimedio contro la malizia. È una delle pietre standard per trattare il chakra cardiaco.

La sua azione fisica è incentrata sui problemi dermatologici come acne, eczemi, psoriasi, forfora: a tale scopo si preparerà un'acqua energizzata, da bere più volte al giorno e con cui lavare le parti interessate.

Azzurrite

Carbonato basico di rame.
Durezza: $3^1/_2$-4.
Colore: indaco.
Chakra: 6°.

L'azzurrite promuove l'introspezione e la visione ampia dei fatti e delle circostanze. È una delle pietre più interessanti per la terapia del 6° chakra, in quanto fa affiorare alla coscienza le emozioni e le pulsioni inconsce. In meditazione, favorisce l'entrata nello stato di rilassamento e conduce a visualizzazioni di vario tipo, tra cui, se la meditazione è finalizzata a questo scopo, quelle relative al karma e alle vite precedenti.

Da un punto di vista fisico agisce sui disturbi delle ossa e delle articolazioni: osteoporosi, reumatismi, artriti, fratture ossee.

Boji

Solfuro di ferro.
Durezza: 6-$6^1/_2$.
Colore: grigio scuro, metallico, opaco.
Chakra: tutti; ma si usano principalmente tenendole nelle mani.

Le boji sono piriti sferiche di origine secondaria, formatesi nel fango di antichi fondali marini: il nome è stato dato alle varietà provenienti dal Kansas, visto che queste pietre si sono diffuse per prime negli ambienti della cristalloterapia americana. Le boji lavorano in coppia: abbiamo infatti un boji "maschio" e una boji "femmina", che vengono vendute insieme; il maschio si riconosce per la presenza di cristalli di pirite cubici, che gli danno un aspetto più rugoso, mentre la femmina, nella quale i cristalli sono assenti o appena pronunciati, si distingue per la maggiore levigatezza. Scoperte in tempi recenti, hanno raggiunto subito una certa celebrità e sono state loro attribuite proprietà particolari, proprietà naturalmente non confermate dalla tradizione esoterica, alla quale erano sconosciute.

L'energia del boji maschio sembra essere di tipo yang, quindi più aggressiva di quella della boji femmina, che essendo di valenza yin esprime vibrazioni più delicate. Queste pietre si usano di solito tenendole nelle mani: il maschio nella destra, la femmina nella sinistra (invertendole se si è mancini), in modo da promuovere un flusso equilibrato di energia che stimola i processi interiori, facendo riemergere problematiche rimosse, emozioni represse, ricordi di situazioni irrisolte. La durata della meditazione con le boji nelle mani deve essere di almeno 15-30 minuti.

La stimolazione indotta dalle boji agisce sull'aura, sciogliendo i blocchi minori e segnalando gli addensamenti di vibrazioni disarmoniche che potrebbero produrre disturbi fisici: il terapeuta addestrato all'uso delle boji, tenendole nelle mani e facendole scorrere lentamente lungo il corpo della persona da trattare, a qualche centimetro di distanza, ha modo di rendersi conto, secondo le sensazioni che la persona riporta, di quali zone dell'aura presentino problemi. Poiché promuovono la presa di coscienza dei propri lati in ombra e portano alla mente i condizionamenti del passato, le boji rientrano nel gruppo delle pietre indagatrici (tra cui l'ossidiana); ma esse creano anche un flusso continuo di energia tra i due poli yin e yang, e il loro utilizzo è quindi indicato in tutti i casi in cui si debba ottenere un aumento della carica energetica dell'organismo.

Calcedonio azzurro

Biossido di silicio.
Durezza: $6^1/_2$-7.
Colore: azzurro chiaro con striature bianche.
Chakra: 5°.

Appartengono al gruppo del calcedonio alcuni quarzi microcristallini, tra cui agata, corniola, crisoprasio, diaspro, eliotropio, onice; talvolta, in cristalloterapia, il calcedonio azzurro viene chiamato "agata dal pizzo blu". È una pietra utile per migliorare i due aspetti della comunicazione tra individui, cioè l'ascoltare e il farsi capire; stimola la capacità di adattamento e sviluppa le doti di diplomazia. Insieme alla tormalina azzurra e alla turchese è la pietra degli oratori; inoltre, è consigliata agli studenti e a coloro che debbano affrontare esami orali, colloqui di lavoro e simili. Sul piano fisico agisce nei disturbi dell'apparato respiratorio; in abbinamento con il quarzo fumé, è da prendersi in considerazione per rimediare ai danni provocati dal tabagismo o per favorire la disassuefazione dal fumo. Svolge infine un'azione benefica sul sistema linfatico.

Calcite

Carbonato di calcio.
Durezza: 3.
Colore: vari colori.

La calcite esplica funzioni diverse secondo il colore: la caratteristica di base è comunque di trattare i problemi con calma, dolcezza e delicatezza, a differenza dei quarzi che svolgono un'azione più energica e decisa. Katrina Raphaell sentenzia: «la calcite è pietra da usare nei momenti di transizione, di accomodamento o di alterazione»; inoltre, «aiuta a liberarsi dai vecchi atteggiamenti ed idee al fine di sviluppare una maggiore conoscenza»[39].

Calcite arancione

Chakra: 2°.

Agisce sul metabolismo e sui disturbi collegati al 2° chakra, stimolando in modo particolare la creatività.

Calcite bianca

Chakra: tutti; in particolare il 2°.

Esplica effetto depurativo, in particolare su reni, milza e pancreas; agisce nei problemi delle ossa, come osteoporosi e decalcificazione.

Calcite blu

Chakra: 5°.

Ottima per affrontare con delicatezza i disturbi di origine psicosomatica che investono le sfere dell'espressione e della comunicazione.

Calcite gialla

Chakra: 3°.

Apporta leggerezza e gioia in relazione alle problematiche causate dallo stress, dall'incapacità di affermare se stessi e dalla difficoltà di gestire il potere personale.

Calcite "spato d'Islanda"

Chakra: tutti, ma in particolare il 7°.

Possiede proprietà calmanti e riequilibranti: come per la calcite bianca, la sua azione si rivolge principalmente a reni, milza e pancreas. Armonizza le componenti maschili e femminili e si rivela utile per le esperienze in astrale, cioè per favorire i viaggi fuori dal corpo (con termine inglese *OBE*, "Out of Body Experience").

[39] Raphaell, *Manuale di cristalloterapia*, op. cit., p. 154.

Calcite verde

Chakra: 4°.

Rasserena i sentimenti, riordina i pensieri, apporta equilibrio e distensione. Adatta a chi ha la tendenza a ricadere sempre negli stessi errori. Si rivela efficace nelle tendiniti.

Celestina

Solfato di stronzio.
Durezza: 3-3$^1/_2$.
Colore: azzurro pallido.
Chakra: 5°.

La celestina ha la proprietà di conciliare il sonno e di aumentare l'attività onirica: per ottenere effetti più marcati, la si attivi esponendola alla radiazione lunare. È una pietra utile in tutti i casi di insonnia: a tale scopo si può collocare un geode di celestina in camera da letto. Posta sul 5° chakra, agisce sui disturbi della voce e sulle infiammazioni delle corde vocali, della gola e delle tonsille. Induce alla verità e alla chiarezza nell'esprimersi. È benefica per la tiroide. La celestina è anche considerata la *pietra degli angeli*.

Cianite

Subnesosilicato di alluminio.
Durezza: 4-7.
Colore: azzurro opaco.
Chakra: 5°.

Detta anche "distene", la cianite è dotata di un'energia «molto veloce e penetrante»[40]: collocata sul 5° chakra, si mostra efficace in tutte le problematiche dell'espressione e della comunicazione, specialmente quando la persona fa fatica a parlare di sé o non possiede doti di eloquenza e di creatività verbale. Stimola la spontaneità e il pensiero logico. Singoli cristalli di cianite o un agglomerato vengono usati, sul chakra della gola o poggiati sul lettino in prossimità di tale chakra, per favorire l'espressione verbale nelle sedute di ipnosi o di regressione in vite

[40] Tabish Griziotti Basevi, *Cristalloterapia. Come curarsi con i cristalli*, Milano, De Vecchi, 1996, p. 96.

precedenti, quando la persona debba parlare e raccontare le situazioni che il terapeuta la induce a visualizzare.

Corniola

Biossido di silicio.
Durezza: $6^1/_2$-7.
Colore: arancione, rosso, rosso aranciato.
Chakra: 1°, 2°.

La corniola appartiene alla famiglia dei quarzi, gruppo dei calcedoni, sottogruppo delle agate: dunque il suo nome preciso sarebbe "agata corniola", ma si usa chiamarla comunemente solo "corniola". Pietra per disturbi più propriamente di tipo fisico, promuove l'ossigenazione e la depurazione del sangue. Agisce sugli organi del basso ventre: utero, ovaie, testicoli. In particolare, è di aiuto nei problemi mestruali e nel cattivo funzionamento dell'intestino. La corniola rosso scuro favorisce anche la depurazione del fegato.

Stimolando il 1° e 2° chakra, è indicata nelle terapie mirate ad accrescere la forza di volontà, specialmente se si pongono sul 3° chakra pietre adatte a questo scopo (tra cui, ad esempio, l'occhio di tigre) e le si collegano alla corniola con quarzi biterminati.

Crisocolla

Silicato idrato di rame.
Durezza: 2-4.
Colore: azzurro, verde.
Chakra: 4°, 5°.

Se ha qualità di gemma, la crisocolla viene detta "gemma silicea": è piuttosto rara, e la si riconosce in quanto traslucida, semitrasparente. In generale, è una pietra adatta per riequilibrare gli sbalzi d'umore. Possiede la capacità di rinfrescare e raffreddare, all'opposto dell'ambra che è invece dotata di proprietà riscaldanti. Si usa dunque nel caso di ustioni e bruciature, anche quelle solari, e per abbassare la febbre.

Sul 4° chakra, la crisocolla di tonalità verde favorisce il superamento di traumi affettivi e sensi di colpa; calma l'ansia e riduce l'intolleranza nei confronti degli altri. Sul 5° chakra, la crisocolla di tonalità azzurra si rivela utile per mitigare gli scatti d'ira e la violenza verbale. Pietra "dei cantanti", esercita azione benefica sulle corde vocali; adatta a trattare le cistiti, è utile anche nel caso di reumatismi. Poiché è capace di accentuare le virtù di tipo yin, come tenerezza e comprensione, la crisocolla azzurra o verde viene considerata *pietra delle donne*: più precisamente, essa è la «preziosa alleata della donna ossessionata dal lavoro e dai mille impegni e dell'uomo che teme il confronto con un mondo femminile sempre più snaturato»[41]. Per potenziare quest'ultima facoltà di aiuto a un soggetto maschile in difficoltà nei rapporti con le donne, si consiglia di abbinare la crisocolla alla zoisite.

Crisoprasio

Biossido di silicio.
Durezza: $6^1/_2$-7.
Colore: verde mela.
Chakra: 4°.

Pietra "fredda" che si usa per regolarizzare la pressione alta. Non è indicata in soggetti che abbiano facilità di abbassamento della temperatura corporea o tendenza al collasso. Esplica azione sedativa ed è valida contro le emorragie e i disturbi cardiaci. Per Monica Giovine, il crisoprasio «agisce contro ogni forma di negazione, sia essa l'incapacità di amare sia di essere amati», e inoltre «trasforma l'ambizione in generosità, l'ingordigia in altruismo»[42].

Similmente alla malachite, il crisoprasio accresce l'amore per la natura, in particolare per il regno vegetale: è indicato per la coltivazione di piante da frutto, e a tale scopo alcuni esemplari possono venire collocati in prossimità delle radici.

Diamante

Carbonio.
Durezza: 10.
Colore: incolore, trasparente; possibili riflessi di vario colore in relazione alla presenza di altri elementi.
Chakra: tutti; in particolare, il 7°.

Non sarebbe stato ammissibile escludere da questa trattazione la gemma che, sebbene raggiunga costi proibitivi per la maggioranza delle

[41] Manuela Caldirola, *Cristalloterapia. Una cura per il corpo e l'anima*, Milano, Sonzogno, 1997, p. 182.

[42] Giovine, op. cit., p. 85.

persone, è universalmente riconosciuta come la più potente di tutte. Il suo nome è legato al termine greco *adamas*, "inalterabile", "indomabile": in effetti, l'energia del diamante è così intensa che spesso si presenta difficile da gestire. Un diamante deve essere utilizzato con grande padronanza, con determinazione e soprattutto con la piena convinzione del risultato che vogliamo ottenere, in quanto le forme-pensiero che gli vengono affidate saranno amplificate in maniera travolgente: se l'operatore non possiede le necessarie qualità di forza interiore, fermezza e sicurezza di sé, il diamante produrrà risultati più negativi che positivi. Si proceda dunque con cautela e si consideri piuttosto l'opportunità di cominciare l'esplorazione delle energie delle pietre con il quarzo ialino: ricordiamoci che, prima di poterci servire del diamante, dobbiamo divenire spiritualmente degni della sua energia, altrimenti le conseguenze potrebbero essere disastrose.

Questa gemma assicura una forte purificazione dell'aura, ed è adatta a trattare le zone oscure e stagnanti a qualsiasi livello; possiede anche la facoltà di amplificare le energie delle pietre a cui viene abbinata. Essendo riferita al cervello, essa agisce sul piano psichico liberandoci da modelli di pensiero e comportamenti antiquati, aumenta la razionalità e l'obiettività potenziando il controllo della mente; armonizza l'intelletto con la conoscenza superiore. Poiché simboleggia il grado più elevato di cristallizzazione della luce, il diamante è collegato alla lucidità mentale e alla purezza spirituale: come tale, viene utilizzato per la ricerca dell'illuminazione e per favorire qualunque tipo di evoluzione.

Diaspro

Biossido di silicio.
Durezza: $6^1/_2$-7.
Colore: sebbene esistano varietà di diversi colori, in cristalloterapia si usano il diaspro rosso, l'arancione e il verde con macchie rosse, quest'ultimo chiamato "eliotropio" (vedi).
Chakra: 1°, 2°.

Adatto per trattare il 1° e il 2° chakra e gli organi ad essi correlati. Ottimo per il fegato (specialmente nella tonalità rosso scuro) e per l'intestino, il diaspro arancione o rosso agisce contro emorroidi, stipsi e diarrea, flatulenza, problemi mestruali. Pietra standard per trattare la difficoltà di radicamento, contribuisce a chiarire le idee sulla strada che si desidera veramente percorrere nella vita, sugli ideali da raggiungere e sulle scelte da compiere.

Diopside "Black Star"

Inosilicato di calcio e magnesio.
Durezza: $5^1/_2$-6.
Colore: nero opaco con un effetto di stella a quattro punte bianca luminescente.
Chakra: tutti, secondo i casi.

Pietra misteriosa e affascinante, di solito usata come gemma per monili, la diopside "Asteria" o "Black Star" rappresenta la "luce nel buio" e come tale si carica di significati ben precisi. Marco Dini Sin ne parla in questi termini: «oserei definirla la pietra dell'ultima speranza. La sua stella diafana infatti aiuta a rischiarare la vita nei momenti più scuri quando cioè tutto sembra ormai perduto, spingendo a proseguire il cammino, a superare gli ostacoli, donando una sottile ma concreta possibilità per il futuro»[43].

Essa è utile dunque non solo sul 1° chakra (in virtù del suo colore dominante, il nero), ma anche su tutti gli altri, magari affiancata da quarzi ialini e da herkimer, per portare la luce in ogni genere di problematiche, soprattutto nelle persone affette da depressione e in preda a crisi esistenziali. Al pari della turchese e della tormalina nera, la "Black Star" protegge dalle vibrazioni negative, generando in più la stella di luce che indicherà un nuovo cammino.

Dioptasio

Silicato idrato di rame.
Durezza: 5.
Colore: verde smeraldo o verde scuro.
Chakra: 4°.

Considerata una delle pietre di Venere, veniva associata al senso della bellezza. Il dioptasio è adatto a risolvere problemi di cuore, sia a livello fisico che a livello mentale. Consigliato alle persone che, secondo l'ottica della floriterapia di Bach, rientrano nella tipologia del rime-

[43] Marco Dini Sin, *Manuale pratico di litoterapia*, Viareggio (LU), Editrice Lunaris, 1994, vol. II, p. 27.

dio *Chicory*: soggetti manipolatori nel campo affettivo, che desiderano l'attenzione dei propri cari e li ricattano emotivamente inventandosi problemi o malattie inesistenti; soggetti possessivi, che vogliono esercitare un ruolo materno o paterno eccessivo e distorto, imponendosi sui figli, sul coniuge, sui parenti. Regolarizza la pressione sanguigna, sia nell'ipertensione che nell'ipotensione e anche nel caso di sbalzi pressori (mentre il crisoprasio agisce solo sulla pressione alta); inoltre è benefico in generale per l'apparato cardiovascolare.

Dolomite

Carbonato doppio di calcio e magnesio.
Durezza: $3^1/_2$-4.
Colore: bianco, rosa.
Chakra: 2°.

La dolomite prende il nome dal geologo francese Dolomieu (1750-1801), che per primo la studiò. La sua energia ha le caratteristiche dell'acqua: essa interagisce con gli squilibri legati al 2° chakra. Manifesta azione rilassante sul piano emotivo, tonica e corroborante sul piano fisico. Esplica i suoi effetti benefici sui dolori muscolari e negli stati di stanchezza e spossatezza. Contenendo magnesio, è adatta nelle alterazioni dell'umore caratterizzate da ansia e depressione.

Eliotropio

Biossido di silicio.
Durezza: $6^1/_2$-7.
Colore: verde scuro con chiazze rosso-sangue.
Chakra: 1°, 4°.

Detto anche "diaspro sanguigno", è una pietra ben conosciuta dalla tradizione: in epoca medievale si credeva che le macchie rosse fossero gocce del sangue di Cristo cadute su diaspri verdi. Si usa sul 1° e 4° chakra per armonizzare la sessualità e le componenti istintive con l'amore disinteressato e la compassione. A tale scopo si pongono due esemplari di eliotropio sul 1° chakra (uno su ciascun inguine) e uno sul 4° chakra. L'eliotropio stimola la salita dell'energia kundalini dal 1° chakra fino al 4°. Come tutti i diaspri, è una pietra di radicamento, ma possiede la capacità di armonizzare l'energia "aggressiva" del 1° chakra con quella "affettiva" del 4°. Inoltre, l'eliotropio depura il sangue e il fegato.

Ematite

Ossido di ferro.
Durezza: $6^1/_2$.
Colore: grigio metallico, lucente; la polvere è di colore rosso.
Chakra: 1°.

Il nome dell'ematite deriva dal greco *haima*, cioè "sangue", poiché l'acqua di raffreddamento usata durante il taglio della pietra si colora di rosso-sangue. È molto forte nel favorire il radicamento: l'ematite infigge a terra con potenza, a differenza della tormalina nera che ha un effetto meno perentorio. Pietra ideale per coloro che sognano a occhi aperti e hanno scarso contatto con la realtà. Rafforza la fiducia in se stessi e aiuta a superare periodi di stress.

È indicata per trattare casi di anemia, poiché stimola la produzione dei globuli rossi; inoltre, promuove la rigenerazione della pelle e dei tessuti, quindi la si può usare nel caso di cicatrici, preparando un'acqua energizzata con cui inumidire la zona interessata o aggiungendo la pietra nel vasetto di una crema adatta allo scopo. Per il trattamento energetico delle cicatrici si consiglia anche il rimedio floreale di Bach *Walnut*: alcune gocce dell'essenza pura direttamente sulla cicatrice, 1-2 volte al giorno per un mese[44].

Fluorite

Fluoruro di calcio.
Durezza: 4.
Colore: vari colori.
Chakra: secondo il colore.

La fluorite apporta benefici nel caso di disturbi fisici legati al metabolismo del calcio e del fluoro: la si userà dunque nei problemi delle unghie, dei denti e delle ossa, come decalcificazione, carie, artriti, artrosi, osteoporosi. A livello mentale aiuta la concentrazione e «incanala la forza intuitiva della mente nell'attività fisica»[45]: la fluorite infatti promuove l'equilibrio emotivo e agisce positivamente sulla memoria, sulle funzioni intellettive e sulla chiarezza della mente. Crea ordine, stabilità, organizzazione: favorendo la chiarezza, libera dai

[44] Cfr. Dietmar Krämer - Helmut Wild, *Nuove terapie con i fiori di Bach*, Roma, Edizioni Mediterranee, 1995, vol. 2°, p. 47.

[45] Raphaell, *Manuale di cristalloterapia*, op. cit., p. 154.

compromessi e dalle coercizioni. Poiché stimola il collegamento tra energia fisica ed energia mentale, la fluorite, secondo il colore, viene usata sui chakra corrispondenti per allineare le componenti mentali con l'attività fisica. Può essere collocata negli ambienti per sviluppare il senso dell'ordine.

Una seduta interamente a base di questa pietra è consigliabile per purificare i 7 chakra, soprattutto quando le facoltà mentali e razionali del soggetto appaiono confuse, caotiche, nebulose: si dispongano a tale scopo uno o più ottaedri di fluorite su ciascun vortice energetico, rispettando la corrispondenza tra colore della pietra e colore del chakra; in alternativa, si possono impiegare solo fluoriti incolori, le quali, al pari del quarzo ialino e di altre pietre bianche o trasparenti, sono adatte a tutti i chakra.

Giada

Silicato di sodio e alluminio (giadeite); silicato di calcio, magnesio e ferro (nefrite).
Durezza: $6^1/_2$-7 (giadeite); 6-$6^1/_2$ (nefrite).
Colore: vari colori; verde smeraldo per la cosiddetta "giada imperiale".
Chakra: 4° (giada imperiale); altri chakra, secondo il colore, per le altre varietà.

Nella denominazione "giada" rientrano sia la giadeite sia la nefrite, due varietà di difficile distinzione, per cui si adotta comunemente il termine generico "giada" per entrambe. La varietà più costosa e apprezzata è la giada imperiale, di colore verde smeraldo; la giadeite compare in una vasta gamma di colori (praticamente tutti e sette i colori dei chakra), mentre la nefrite è di solito verde scuro. In cristalloterapia si prediligono le giade di colore verde per il chakra del cuore, ma possono essere utilizzate anche pietre di altri colori per gli altri chakra. Pietra di antica energia, oggi ha in una certa misura ceduto il passo a pietre nuove, di recente scoperta, più adatte alle situazioni della vita moderna: tuttavia, il suo potenziale è ancora lontano dall'essersi esaurito.

La parola chiave della giada è *accettazione*: tale pietra esplica effetto calmante e ci aiuta ad accettare i problemi e i momenti difficili della vita senza che ci lasciamo travolgere da essi. Infonde coraggio e influisce sull'emotività eccessiva rendendoci più stabili ed equilibrati; facilita la connessione personale con l'energia della Terra al fine di superare i disturbi nervosi: «se siamo nervosi o sentiamo paura o ansia, possiamo tranquillizzarci ristabilendo i contatti con l'immensa energia della Terra. La giada, che rappresenta questo elemento, agisce come un potente antidoto contro i disturbi del sistema nervoso»[46]. La pietra lavora sulla cistifellea e sulle affezioni tipiche di questo organo; è di aiuto anche nelle malattie a carico della milza e dei reni. In Cina la giada è un antico simbolo di fortuna e ricchezza.

Granato

Silicato di magnesio e alluminio.
Durezza: 7-7$^1/_2$.
Colore: rosso sangue.
Chakra: 1°.

Con il nome "granato" si intende sempre il piropo di colore rosso sangue (quest'ultimo termine deriva dal greco *pyropos*, "fiammeggiante"). Il granato è una delle pietre più adatte al 1° chakra: agisce sul sangue, purificandolo e fluidificandolo, e sulla circolazione; inoltre, deve essere preso in considerazione nel caso di problemi sessuali e della fertilità, impotenza, frigidità, eiaculazione precoce, anorgasmia, capillari fragili. Rafforza il sistema immunitario e stimola la rigenerazione dell'organismo. Insieme all'ematite, combatte l'anemia e si usa per la cicatrizzazione delle ferite.

Il granato favorisce il radicamento e agisce nei soggetti dotati di scarso senso pratico, apportando forza di volontà, perseveranza, risolutezza. Infine, è un valido aiuto per il mantenimento del rapporto affettivo e della passione erotica in coppie che debbano separarsi per qualche tempo: a tale proposito, sembra che nel Medioevo fosse consuetudine che le donne lo regalassero ai loro mariti quando questi partivano per le crociate[47].

[46] Chung-Tung Shi - Chris Evans, *Dizionario del Feng-Shui*, Torino, Edizioni Amrita, 2000, p. 102.
[47] Cfr. Caldirola, op. cit., p. 119.

Herkimer

Biossido di silicio.
Durezza: 7.
Colore: incolore, perfettamente trasparente.
Chakra: tutti.

Detto anche "diamantino di Herkimer", è un tipo di quarzo che si estrae esclusivamente nella miniera di Herkimer, nello Stato di New York. Di solito è a doppia terminazione, ma esistono anche esemplari con terminazioni multiple. Il quarzo herkimer corrisponde a una vera e propria "iniezione di energia", più accentuata rispetto a quella ottenibile con il quarzo ialino, poiché la luce di questo cristallo è ancora più bianca e penetrante. Potente antistress, esso rappresenta la "felicità", e come tale si utilizza in tutte le forme depressive, nelle ansie e nelle paure, nel *surmenage* lavorativo o intellettivo. Usato insieme alla malachite, la quale ha la capacità di assorbire le emozioni represse, il quarzo herkimer promuove il riequilibrio e l'alleggerimento di queste ultime. In linea generale, esso favorisce la disintossicazione sia fisica che psichica e convoglia il raggio di luce bianca nelle zone d'ombra dell'individuo. Trova impiego anche per sciogliere le tensioni muscolari.

Iolite

Ciclosilicato di magnesio e alluminio.
Durezza: 7-7$^1/_2$.
Colore: variabile da blu-grigio a indaco, a viola-bluastro.
Chakra: 6°.

Questa pietra, adatta al 6° chakra, viene chiamata anche "cordierite", dal nome del geologo francese Cordier (1777-1861). La iolite agisce con modalità affini a quelle dello zaffiro, ma con maggiore delicatezza e con effetti più morbidi. Lo studioso francese Garnier ne dà la definizione seguente: «pierre spirituelle pour les novices par excellence, car elle est très douce et ne remet pas en cause trop de choses en même temps (sur le chakra coronal). Elle permet de cultiver une des vertus nécessaires à tout développement personnel, la patience»[48].

[48] J.M. Garnier, *Proprietés énergétiques des pierres et des cristaux*, Lyon, Editions A.C.V., 1999, p. 81. [Pietra spirituale per i novizi per eccellenza, poiché è molto dolce e non rimette in causa troppe cose nello stesso tempo (sul chakra coronale). Essa permette di coltivare una delle virtù necessarie a qualsiasi sviluppo personale, la pazienza].

Kunzite

Silicato di litio e alluminio.
Durezza: 6½-7.
Colore: da rosa pallido a rosa-violetto.
Chakra: 4°.

Deve il suo nome a uno studioso di nome Kunz, che per primo la descrisse nel 1902. Poiché la kunzite contiene litio, si rivela benefica nei problemi legati al 4° chakra che inducono nel soggetto sindromi depressive. Utile anche nelle forme di assuefazione e dipendenza, in abbinamento con l'amazzonite, specialmente nel caso di terapia per liberarsi dagli psicofarmaci.

Pietra che simboleggia l'*apertura del cuore*, la kunzite rafforza il sistema cardiovascolare e apporta equilibrio emozionale. Induce a donare amore disinteressato, senza aspettative; libera dalle emozioni più basse come rabbia, odio, invidia, gelosia. Per taluni autori è di aiuto nel regolare il ciclo mestruale, «quando il problema è causato dalla non accettazione della propria femminilità: in questo caso si può porre la pietra anche sul secondo chakra»[49].

Tra le pietre di colore rosa – colore complementare al verde per il chakra del cuore – la kunzite e la tormalina rosa emanano energie tra le più sottili, anche in virtù delle striature che le caratterizzano: esse sono da usare, magari in abbinamento, se una pietra più comune come il quarzo rosa non produce i risultati sperati.

Labradorite

Silicato di sodio, calcio e alluminio.
Durezza: 6-6½.
Colore: verde dominante, con effetti iridescenti tendenti all'azzurro, al blu e al giallo.
Chakra: 3°, 4°, 5°.

Scoperta nel 1770 nella penisola del Labrador, la labradorite, in relazione al colore che appare per mezzo dell'effetto iridescente, può venire utilizzata oltre che sul 4° chakra anche sul 3° (iridescenza gialla) e sul 5° (iridescenza azzurro-blu). La sua caratteristica è di fungere da antidoto contro le illusioni: infatti è una pietra che ha molto a che fare con l'idea

[49] Griziotti Basevi, op. cit., p. 106.

di estetica, di apparenza, di esteriorità, di bellezza. Indicata per chi ha problemi di accettazione del proprio aspetto fisico, per chi non si piace e desideri aumentare il proprio fascino; consigliata anche a chi vive soltanto nella superficialità degli ideali estetici, a coloro che ricercano la bellezza a ogni costo spendendo energie nella cura dell'aspetto esteriore, spesso senza preoccuparsi dell'evoluzione spirituale.

Lapislazzuli

Tectosilicato di sodio e calcio: contiene alluminio e anioni estranei (zolfo, cloro, radicali solforici). Da alcuni è considerato non una specie minerale a sé, ma una varietà di haüyna con alta percentuale di zolfo[50].
Durezza: $5^1/_2$.
Colore: blu marcato con chiazze bianche (inclusioni di calcite) o dorate (inclusioni di pirite).
Chakra: 5°.

Chiamato anche "lazurite", il lapislazzuli è una delle pietre standard per lavorare sul chakra della gola. È anche una delle pietre spirituali per eccellenza, conosciuta dagli antichi Egizi che ne facevano un uso ritualistico molto frequente, paragonandola al cielo stellato. Per quest'ultimo motivo, considerando la similitudine con un cielo notturno pieno di stelle, il lapislazzuli è efficace contro la paura del buio. Essendo dotato di energia prevalentemente yang, agisce contro la timidezza, la tendenza all'isolamento e l'introversione; viene definito come la «pietra della saggezza, della verità, dell'integrità e dell'illuminazione»[51].

Esplica azione calmante contro l'irascibilità, l'ipertensione, l'irrequietezza, la suscettibilità, ma nel contempo stimola la forza di volontà; apporta spiritualità, saggezza, onestà, autocontrollo e disciplina interiore. È utile contro le laringiti, le infiammazioni della gola e delle corde vocali, oltre che nel caso di stress in ragione del quale si siano prodotti blocchi agli organi controllati dal 5° chakra. Utilizzabile anche per ridurre la febbre.

La varietà di colore blu scuro tendente all'indaco può essere usata sul 6° chakra per favorire la conoscenza di se stessi. Due lapislazzuli poggiati sugli occhi, durante una seduta di rilassamento, aiutano a combattere la stanchezza e i disturbi infiammatori che possono colpire questi

[50] Cfr. *Enciclopedia Italiana delle Scienze*, op. cit. alla nota 4, p. 295.
[51] Griziotti Basevi, op. cit., p. 107.

organi. Un'altra caratteristica della pietra è quella di favorire il contatto con gli spiriti guida e facilitare la ricezione di messaggi spirituali provenienti da piani più elevati del nostro.

Legno pietrificato

Biossido di silicio.
Durezza: $5^1/_2$-$6^1/_2$.
Colore: vari colori.
Chakra: secondo il colore dominante.

Il legno pietrificato, originatosi per azione della silice che in soluzione acquosa ha sostituito le molecole del legno originario, proviene in maggioranza dagli Stati Uniti, specialmente dalla Foresta Pietrificata dell'Arizona. Nella tonalità marrone-bruna si usa di solito sul 1° chakra; la pietra di colore giallastro sul 3° chakra, quella dalla tinta rosata sul 4°.

Il suo impiego prevalente sul piano fisico riguarda l'arteriosclerosi e i disturbi della senescenza: viene infatti considerato la *pietra della longevità*. Stimola la rigenerazione dei tessuti, ostacola la degenerazione degli organi dovuta all'età. Sul piano mentale, il legno pietrificato viene impiegato per risolvere situazioni che si siano fossilizzate, e per le quali riesca difficile trovare il modo di smuoverle. Aiuta inoltre ad adattarsi ai cambiamenti, esplicando un effetto stabilizzante. Utilizzato anche nelle regressioni in vite precedenti.

Lepidolite

Fillosilicato fluorifero di potassio, litio e alluminio.
Durezza: $2^1/_2$-3.
Colore: rosa-malva, viola chiaro.
Chakra: 4°, 6°, 7°.

Si tratta di un buon antidepressivo, capace di favorire l'addormentamento e di influire positivamente sul sistema nervoso: a tale scopo può essere collocata sotto il cuscino per ottenere un sonno ristoratore. Inoltre stimola la spiritualità, apporta energia e vitalità, induce l'individuo a scoprire ogni giorno dentro di sé nuovi impulsi e nuove motivazioni: è la pietra adatta contro l'apatia e può essere abbinata al rimedio floreale di Bach *Wild Rose*. La lepidolite insegna a trovare la strada giusta per uscire dalle situazioni difficili; sul piano fisico, svolge azione disintossicante e agisce contro i disturbi alle articolazioni. Indicata nei dolori della sciatica.

Magnetite

Ossido di ferro.
Durezza: $5^1/_2$-$6^1/_2$.
Colore: nero opaco, talvolta con sfumature bluastre; lucentezza metallica.
Chakra: 1°, ma anche gli altri.

Minerale fortemente magnetico, fa deviare l'ago della bussola e attira la limatura di ferro. Non tutti gli esemplari di magnetite però si comportano come calamite: sono frequenti pietre che si fanno attrarre, ma che non attraggono. Le magnetiti che agiscono come calamite sono diventate magneti permanenti.

Le prerogative della magnetite si utilizzano in molteplici campi. Per la sua facoltà di attrarre, è la pietra ideale di chi cerca lavoro e desidera richiamare a sé le occasioni migliori; nell'ambito del rapporto di coppia, essa contribuisce a tenere uniti i partner: a questo scopo, un ottaedro di magnetite può essere collocato sotto il materasso, con le punte rivolte in direzione delle due persone formanti la coppia, oppure un esemplare verrà portato indosso da ciascuna di esse durante il giorno. Utile anche per favorire la riappacificazione tra soggetti che hanno litigato o che si sono allontanati. Nelle meditazioni finalizzate ad attirare situazioni ed esperienze di vario tipo, la magnetite rappresenta un valido alleato. Essa aumenta l'autostima e ci allinea con le forze della Terra, mentre sul piano fisico oltre ad agire sul sangue lenisce i dolori articolari, le lombaggini, la sciatica, il torcicollo, gli strappi muscolari. Ottima la pratica di massaggiare i punti doloranti con una magnetite burattata.

Malachite

Carbonato basico di rame.
Durezza: 4.
Colore: verde, verde scuro con striature.
Chakra: 4°.

Pietra che perde facilmente la lucentezza per effetto di sudore, cosmetici e simili, la malachite è nota per il suo marcato effetto "assorbente": è dunque utile nel caso di dolori, gonfiori, infiammazioni e nevralgie di varia natura. A tale scopo può essere posizionata su una qualsiasi parte del corpo colpita da dolore. Sebbene la sua collocazione migliore, nel caso di una seduta di cristalloterapia, sia sul chakra cardiaco, alcuni terapeuti la utilizzano anche sul 3° chakra per indagare e far emergere le emozioni represse[52], o per sciogliere le tensioni e favorire la respirazione sbloccando il diaframma[53].

Pietra di tipo yin, la malachite scende in profondità portando in superficie i blocchi presenti a livello inconscio; sul corpo fisico agisce rafforzando il cuore, prevenendo l'infarto ed esplicando azione benefica in presenza di tachicardia e fragilità dei capillari. Inoltre promuove l'amore per la natura, in particolare per le piante: è da utilizzarsi qualora ci si occupi di giardinaggio, coltivazione e simili. La malachite trova anche impiego per l'assorbimento dell'energia di degenerazione che caratterizza i tumori: in tal caso, la pietra deve essere purificata e rigenerata accuratamente dopo ogni utilizzo (immersione in argilla ventilata per 1 giorno, successivo interramento per 1 giorno e quindi attivazione).

Marcasite

Solfuro di ferro.
Durezza: 6.
Colore: giallo oro, lucentezza metallica.
Chakra: 7°.

La marcasite si utilizza di solito sul 7° chakra per purificare l'aura, in quanto tale pietra emette un raggio di colore oro che, insieme ai raggi viola (ad esempio: quarzo ametista) e bianco (ad esempio: quarzo ialino), ha la facoltà di ripulire e proteggere. È utile per lenire emicranie e cefalee di varia natura; apporta entusiasmo, aumenta la consapevolezza spirituale e rende maggiormente inclini all'estroversione. È consigliabile abbinarla al rimedio floreale di Bach *Mimulus* per creare una protezione contro le paure di origine conosciuta e per promuovere la capacità di affrontare le situazioni di vita.

Moldavite

Tectite (sostanza vetrosa ad alto contenuto di silice).
Durezza: $5^1/_2$.
Colore: verde oliva scuro.
Chakra: 4°, 6°.
La moldavite costituisce una varietà di tectite tipica della Moldavia, e

[52] Cfr. Raphaell, *Manuale di cristalloterapia*, op. cit., p. 82.
[53] Cfr. Giovine, op. cit., p. 115.

viene usata come gemma o per oggetti ornamentali. Sostanza vetrosa sconosciuta alla tradizione, essa è ancora in fase di studio non solo in cristalloterapia, ma anche negli ambienti della mineralogia. Per quanto riguarda la sperimentazione attuale, sembra che la moldavite agisca come un «acceleratore di cambiamento, che si innesta nel percorso evolutivo»[54]. Poiché è ancora poco chiaro se la moldavite sia in realtà un tipo di meteorite, alcuni autori, ritenendo che essa provenga dallo spazio, le attribuiscono la facoltà di favorire il contatto con «sorgenti extraterrestri ed interdimensionali»[55], mentre altri la citano come pietra capace di «aumentare le capacità mnemoniche»[56]. A prescindere da simili prerogative, la moldavite agisce comunque apportando le sue vibrazioni ad alta frequenza al vortice cardiaco, il quale sarà così stimolato a risvegliare le capacità di autoguarigione dell'organismo. Può essere usata sul 6° chakra per ottenere immagini e visioni che travalicano la coscienza individuale.

Occhio di bue

Biossido di silicio.
Durezza: 7.
Colore: marrone rossiccio; effetto iridescente.
Chakra: 1°, 3°.

Questa varietà di quarzo, talvolta chiamata "occhio di toro", è adatta a coloro che, avendo sempre molte faccende da sbrigare e impegni da soddisfare, risentono facilmente di fatica e stress dovuti alla ripetitività, alla monotonia di uno stile di vita quotidiano. Pertanto, è la pietra ideale per le «casalinghe che si sentono svuotate e che hanno perso il contatto con la bellezza della natura e delle gioie sane della vita perché vivono solo in funzione delle loro faccende da sbrigare»; indicato anche per «riscoprire usanze dimenticate», l'occhio di bue, se usato in meditazione, «può rivelare i segreti di antichi mestieri dimenticati nel tempo»[57]. Al di là delle casalinghe, questa pietra può essere d'aiuto anche ai manager stressati, a coloro che si mostrano accaniti al lavoro e si caratterizzano per

[54] Balladori, op. cit., p. 151.

[55] Giuseppe Zanella, *I cristalli. La riscoperta dei fratelli di luce*, Pogliano Milanese (MI), Atlantide Edizioni, 1993, p. 48.

[56] Maria Rosaria Omaggio, *L'energia trasparente. Curarsi con cristalli, pietre preziosi e metalli*, Roma, Edizioni Mediterranee, 1990, p. 67.

[57] Caldirola, op. cit., p. 139.

un eccessivo senso del dovere: insieme al quarzo citrino, essa è benefica nello stato d'animo negativo *Oak* sancito dalla floriterapia di Bach.

Occhio di falco

Biossido di silicio.
Durezza: 7.
Colore: indaco; effetto iridescente.
Chakra: 6°.

L'occhio di falco è una delle pietre tradizionali per agire sul 6° chakra: facilmente reperibile e piuttosto a buon mercato, esso emette una radiazione cromatica indaco che potenzia l'introspezione e fa sì che l'individuo si esamini con una buona dose di autocritica, allo scopo di prendere coscienza dei lati oscuri che lo accompagnano. È una pietra dagli effetti non propriamente sottili, in quanto incoraggia la visione degli aspetti più grossolani della personalità, i quali, se ignorati, condurranno all'insorgere di conflitti; è dunque adatta a persone che hanno scarsa dimestichezza con l'autoanalisi e la conoscenza di sé, e che continuano a non prendere coscienza delle pulsioni più facilmente identificabili. Allenta la rigidità mentale e spinge a vedere situazioni e comportamenti abitudinari, ormai cristallizzati, che si preferisce non vedere. Usato in contemporanea sul 1° e sul 6° chakra, contribuisce a sciogliere quei comportamenti radicati che sarebbe opportuno cambiare ma dei quali è difficile accorgersi. L'occhio di falco ha comunque un impiego di tipo generico sul plesso frontale: se si desidera agire più in profondità, si dovrà ricorrere a pietre dalla vibrazione più elevata, quali ad esempio l'azzurrite e lo zaffiro.

A livello fisico è benefico per i disturbi degli occhi, dalla semplice stanchezza ai disturbi di maggior entità come congiuntivite, glaucoma e cataratta.

Occhio di gatto

Biossido di silicio.
Durezza: 7.
Colore: grigio-beige o grigio-verdastro, talvolta con riflessi giallo-oro; effetto iridescente.
Chakra: 2°, 6°.

Non si confonda l'occhio di gatto "quarzo" con l'occhio di gatto "crisoberillo": il primo ha un costo sensibilmente inferiore al secondo, ed è quello che qui trattiamo. L'occhio di gatto "crisoberillo" si usa come gemma di un certo pregio; proviene principalmente dal Brasile, dal Madagascar e dallo Sri Lanka: la varietà *cimofane* è di colore verde oliva e, similmente all'occhio di gatto "quarzo", presenta l'effetto iridescente noto come "gatteggiamento".

L'occhio di gatto che invece ci interessa in questa sede è un tipo di quarzo da attivare alla luce della Luna: esso viene utilizzato principalmente sui chakra 2° e 6°. Sul 2° chakra promuove la soluzione delle problematiche connesse a questo vortice energetico mediante una presa di coscienza, una visione chiara delle stesse; sul 6° chakra stimola la funzione intuitiva e introspettiva, aiutandoci «a intravedere il potenziale positivo della nostra "zona d'ombra"»[58]. Stimola anche la chiaroveggenza, ed è utile per potenziare la vista di notte e nei luoghi immersi nell'oscurità.

Per Manuela Caldirola, esso ha la peculiarità di rendere possibile il contatto telepatico con gli animali[59]: un'idea suggestiva, senz'altro da sperimentare.

Occhio di tigre

Biossido di silicio.
Durezza: 7.
Colore: giallo dorato con striature marroni; effetto iridescente.
Chakra: 3°.

Una delle pietre maggiormente impiegate per il 3° vortice energetico, l'occhio di tigre emana un'energia di tipo yang capace di potenziare la forza di volontà, apportare coraggio e determinazione, accrescere l'autostima e la fiducia in se stessi. È quindi utile per tutti quei problemi causati dall'incapacità di gestire il potere personale, come certi tipi di ansie e fobie che generano blocchi e sensazioni di oppressione a livello del plesso solare. È anche indicato in persone arroganti, presuntuose, dispotiche, eccessivamente autoritarie che, dietro la maschera dell'apparente sicurezza di sé, soffrono comunque di squilibri nella gestione del potere personale. L'occhio di tigre ci viene poi in aiuto quando dobbiamo effettuare una scelta importante e siamo incerti tra molte possibilità; nel campo del lavoro, riconduce a una giusta prospettiva i contrasti con colleghi e superiori.

[58] Balladori, op. cit., p. 153.
[59] Cfr. Caldirola, op. cit., p. 137.

Sul piano fisico esplica azione riequilibrante sul pancreas, l'apparato digerente e il colon.

Onice

Biossido di silicio.
Durezza: $6^{1}/_{2}$-7.
Colore: bianco, bianco con striature arancioni, bianco-nero e nero.

Onice bianco-nera

Chakra: 6° per la meditazione; altri vortici per scopi diversi.

L'onice con screziature bianche e nere viene considerata una pietra "androgina", che esprime valenze yin in equilibrio con valenze yang; dunque trova impiego per armonizzare le componenti maschili e femminili. Può servire per comprendere gli errori che stanno alla base di una rottura sentimentale o di un litigio. È utile anche per meditazioni sulle coppie antitetiche, come bene e male, luce e tenebre, verità e menzogna, gioia e dolore: in tal caso, ci rende più forti nell'accettare il dualismo che caratterizza la nostra realtà.

Onice bianca

Chakra: tutti.
È adatta a controllare gli eccessi e le congestioni di energia in tutti i chakra. Un trattamento con sole onici bianche è l'ideale per coloro che rivelano la presenza di un surplus di energia generalizzato: soggetti isterici, agitati, sempre in movimento, che fanno fatica a rilassarsi. Per questi soggetti, prima di intervenire con le pietre "calmanti" appropriate al caso specifico, una seduta con l'onice bianca eliminerà le congestioni bilanciando i chakra. Un elisir di tale pietra, da applicare puro sulla pelle per diversi giorni, è anche indicato in sostituzione del fiore di Bach corrispondente al chakra in oggetto appunto per agire sull'eccesso di energia. Tra i rimedi floreali adatti a riequilibrare un chakra congestionato dall'eccesso di energia abbiamo: *Impatiens*, *Vervain* e i californiani *Calendula* e *Snapdragon* (5° chakra), *Chamomile*, *Dandelion*, *Dill*, *Lavender*.

Onice bianca con striature arancioni

Chakra: 2°.

Detta "onice corniola", la sua azione si rivolge prevalentemente al rafforzamento degli organi posti sotto il controllo del plesso sacrale: agisce soprattutto bilanciando le energie yin in eccesso.

Onice nera

Chakra: 1°.

Pietra che ci fa sentire ancorati alla Terra, è capace di ridurre lo stress potenziando l'autocontrollo e rendendoci meno influenzabili. L'onice nera allontana la paura dell'ignoto, esplica azione rassicurante, disperde il timore del buio. Il nome proviene dal greco *onyx*, "unghia", poiché una varietà ha l'aspetto dell'unghia umana: oltre a rafforzare unghie e capelli, si rivela benefica per migliorare l'udito e in generale in tutte le affezioni delle orecchie, come ad esempio le otiti. Sembra che in abbinamento alla tormalina nera sia da tenere in considerazione nella cura dei tumori al cervello[60].

Opale

Biossido di silicio idrato colloidale.
Durezza: $5^1/_2$-$6^1/_2$.
Colore: vari colori; caratteristico l'effetto iridescente.

Il nome di questa pietra deriva probabilmente dal sanscrito *upala*, "pietra preziosa". L'opale contiene acqua, e quindi è buona norma tenerlo periodicamente a bagno in acqua di sorgente o in una buona acqua minerale per evitare la perdita delle sue proprietà e dell'effetto iridescente. Può essere attivato al riverbero della luce solare, ma la Luna gli conferisce una nota in più; risultati interessanti si ottengono inoltre dall'uso degli opali nella vasca da bagno (vedi capitolo sulle acque energizzate).

In generale l'opale è una pietra che apporta allegria, gioia e spensieratezza; spinge a ricercare la spontaneità, la voglia di distrarsi e di divertirsi. In talune varietà, come negli opali nobili, l'effetto iridescente (detto "arlecchinamento") assicura la presenza di tutti e sette i colori dell'iride: simili esemplari possono essere posti su tutti i chakra e trovano impiego per stimolare le capacità creative degli artisti. In quest'ultimo contesto rientra anche l'azione di aumento della sensibilità poetica e musicale.

[60] Cfr. Reto Vital, *Pietre di luce. Guida pratica alla cristalloterapia*, Milano, Xenia, 1995, pp. 189-190, e cfr. anche Caldirola, op. cit., p. 140.

Opale bianco

Chakra: 2°, 7°.

Sviluppa il desiderio di candore e di purezza. È consigliato quando si deve meditare su faccende poco chiare, ingarbugliate, caratterizzate da una componente "torbida": in tal caso lo si userà anche sul 6° chakra. Sul 2° plesso si riferisce invece a soggetti che considerano l'attività sessuale sporca, indegna, e ne provano vergogna, oppure, al contrario, a quelle persone che indulgono volentieri alla promiscuità e a forme di depravazione sessuale.

Opale di fuoco

Chakra: 1°, 2°.

Specifico per i primi due chakra, l'opale di fuoco, di colore rosso-arancione, agisce amplificando le vibrazioni emotive associabili sia all'elemento Acqua che all'elemento Fuoco: come tale è apportatore di sensibilità ma anche di impulsività. Esso infatti risveglia il *fuoco nascosto*, facendo divampare le emozioni e spingendo l'individuo a osare. Deve dunque essere usato con una certa attenzione per evitare di amplificare simili caratteristiche, specialmente nel caso di un soggetto problematico riguardo a questi settori, poiché rende «"esplosivi", e può produrre l'improvvisa ed incontrollata espressione delle emozioni accumulate»[61]. Ha un effetto specifico sullo stomaco e sul sistema digerente; collocato sul 1° e 2° chakra, stimola l'apparato genitale e le ghiandole surrenali.

Opale nobile

Chakra: 5°; anche gli altri, secondo il colore.

È la varietà più pregiata, usata in gioielleria. Poiché solitamente la tinta dominante va dall'azzurro pallido all'azzurro intenso, tale pietra viene riferita al vortice laringeo. Alle sue caratteristiche si è accennato sopra; si può aggiungere che, per quanto riguarda il 5° chakra, l'opale nobile aiuta ad esprimere verbalmente le sensazioni di allegria e leggerezza, migliorando la capacità di ridere e sorridere. L'opale nobile si rivelerà utile qualora si sia in presenza di pulsioni soffocate riferibili all'elemento Acqua e alla sfera della comunicazione, così come nell'adulto che attua la repressione del proprio "fanciullo interiore".

[61] Gienger, op. cit., p. 340.

Ossidiana

Biossido di silicio; vetro di origine vulcanica, formatosi per raffreddamento della lava.
Durezza: 5.
Colore: nero; nero con chiazze grigie nella varietà "fiocco di neve".

Ossidiana nera

Chakra: 1°; anche gli altri, secondo i casi.

Pietra di radicamento, all'ossidiana nera sono tradizionalmente attribuite facoltà che vanno oltre il semplice riequilibrio del chakra di base. Essa infatti favorisce il viaggio nell'inconscio se, in meditazione, viene usata sul 6° chakra: è bene tuttavia servirsene con cautela e attenzione, poiché esplica una forte azione indagatrice. Per un effetto più delicato, si ricorrerà alla varietà "fiocco di neve". Qualora si debbano liberare energie negative che intasano un chakra o un'altra zona del corpo, si userà l'ossidiana collocandola sul punto in questione e circondandola con almeno 4 quarzi ialini provvisti di punta per favorire lo smaltimento delle vibrazioni verso l'esterno. Dopo l'uso, l'ossidiana deve essere purificata con cura, poiché una volta assorbite le vibrazioni negative questa pietra le rilascia lentamente e costantemente. L'ossidiana nera, come la tormalina nera e la turchese, è anche una pietra di protezione contro le entità negative di origine esterna, dotate di una propria volontà, che tendono ad attaccarsi all'aura di persone deboli per nutrirsi della loro energia. In una simile eventualità, oltre l'ossidiana nera possono giovare i rimedi floreali californiani *Black Cohosh* e *Garlic*.

Sul piano fisico le si attribuisce la facoltà di curare la zona intestinale, specialmente in presenza di virus e batteri e nel caso di alterazione delle flore simbionti. Stimola anche la circolazione del sangue.

Ossidiana "fiocco di neve"

Chakra: 1°.

Questa varietà contribuisce alla terapia dei disturbi alle ossa, come decalcificazione e scoliosi, e trova inoltre impiego contro i dolori articolari. Allo stesso modo dell'ossidiana nera, risulta benefica per la circolazione: se tenuta in mano o collocata in prossimità dei piedi, è di aiuto per alleviare il problema delle mani e dei piedi freddi. Sul piano psichico l'ossidiana "fiocco di neve" mantiene le proprietà dell'ossidiana nera, ma l'azione indagatrice che essa esercita è più leggera e permette quindi di operare con maggior disinvoltura.

Paesina

Marna (miscela di minerali diversi).
Durezza: 5-6.
Colore: varie tonalità di marrone, beige, ocra, grigio, talvolta con tracce di nero.
Chakra: 4°, 5°, 6°, 7°.

La paesina viene solitamente tagliata in lastre e lucidata, in modo da mettere in risalto i disegni che la caratterizzano e dai quali la pietra prende nome. Tali disegni, causati dagli agenti atmosferici, ricordano un paesaggio, o il profilo di una città che si staglia all'orizzonte: la paesina è dunque la pietra più adatta per lavorare su situazioni, ricordi e sentimenti legati a paesi lontani, ad altre città e a culture diverse rispetto a quella in cui è nata la persona oggetto di trattamento. Si userà la paesina quando si voglia promuovere la conoscenza di una cultura straniera, o l'integrazione con essa; quando si stiano studiando la lingua e gli usi e costumi di un popolo, quando si intrattengano rapporti di vario tipo con stranieri, oppure nel caso che si provi nostalgia per una città, per un luogo nel quale abbiamo abitato. Tutti i problemi relativi ad altri paesi e a situazioni non indigene rimandano alla paesina; in tale ottica, essa è considerata una delle pietre principali per le sedute di regressione nelle vite precedenti, così come la cianite (per favorire il resoconto delle visualizzazioni) e il legno pietrificato (blocchi karmici che devono essere sciolti).

A seconda degli effetti che vogliamo ottenere, collocheremo la paesina sul chakra del cuore (componente affettiva e sentimentale rispetto a un luogo lontano), sul 5° (apprendimento di una lingua straniera), e sul 7° (lavoro sul karma), anche se il vortice d'elezione della pietra sembra essere il 6° (implicazioni mentali che un rapporto con altre culture comporta).

Sebbene la forma più comune sia la lastra levigata di varie dimensioni, talvolta si trovano in commercio anche esemplari burattati.

Peridoto

Silicato di magnesio e ferro.
Durezza: $6^1/_2$.
Colore: giallo-verde, verde oliva.

Chakra: 4°.

Il peridoto prende anche il nome di “crisolito”; se ha caratteristica di gemma viene chiamato “olivina”, in virtù del suo colore. In cristalloterapia agisce contro le fobie e le fissazioni di vario tipo, ed entra nelle terapie mirate a risolvere i sensi di colpa: incita infatti a perdonare se stessi e a pacificarsi con gli errori commessi. Sebbene il suo chakra privilegiato sia il cardiaco, come ricorda Raphaell lo si pone anche sul plesso solare per riequilibrarne le sfasature di origine emotiva:

> In relazione alla quantità di giallo presente nel peridoto, quest’ultimo può agire direttamente sulla zona del plesso solare e dell’ombelico, che è sotto il controllo di energie giallo-verdi. Il peridoto rappresenta un piano terrestre verde che stimola il processo curativo all’interno del corpo fisico. Collocando il peridoto al di sopra del plesso solare, la tensione nervosa può essere convertita in rilassamento e abbandono[62].

Gli esemplari in cui è prevalente la tonalità verde scuro sono utili per il trattamento della cistifellea. Insieme all’avventurina e allo spinello è pietra elettiva per la cura della pelle e delle sue patologie, quali acne, eczemi, psoriasi, eruzioni allergiche con o senza prurito: si consiglia in casi del genere di preparare un elisir da assumere per via orale e da applicare sulle parti colpite.

Pietersite

Biossido di silicio.
Durezza: 7
Colore: indaco o azzurro cupo, talvolta con striature marrone-rossiccio; effetto iridescente.
Chakra: 6°.

Rinvenuta solo recentemente nel deserto della Namibia, deve il suo nome allo scopritore, Sid Pieters. È un tipo di quarzo affine all’occhio di falco e all’occhio di tigre, nel quale le caratteristiche striature indaco o azzurro cupo sono dovute alla presenza di fibre di crocidolite.

Essendo una delle pietre della Nuova Era, nulla ci è stato tramandato sul suo conto dalla tradizione. La sperimentazione ha messo in luce la facoltà della pietersite di apportare ordine nei momenti interessati da cambiamenti di qualunque tipo. Nelle fasi di alterazione del

[62] Raphaell, *Cristalli*, op. cit., p. 157.

proprio stile di vita o nei periodi di transizione, siano essi vissuti sul piano fisico (ad esempio: pubertà, menopausa) o sul piano delle relazioni sociali (ad esempio: cambiamento di lavoro, interruzione di rapporti interpersonali), questa pietra spinge a liberarsi dai condizionamenti e dalle ingerenze da parte di terzi. Aiuta a sciogliere i conflitti interiori e promuove l'armonizzazione degli stati d'animo negativi legati ai cambiamenti in corso, inducendo un salutare distacco dagli eventi in modo che questi ultimi vengano integrati con tranquillità: promuovendo la pace interiore, la pietersite ci rende capaci di assimilare con chiarezza mentale le nuove esperienze e le nuove fasi di vita. Insieme alla calcite bianca, costituisce una valida integrazione del rimedio floreale di Bach *Walnut*.

A livello fisico sembra che la pietersite agisca sul raffreddore riducendo la secrezione nasale.

Pietra di Luna

Silicato di potassio e alluminio.
Durezza: 6-6$^1/_2$.
Colore: bianco lattiginoso con riflessi madreperlacei.
Chakra: tutti, ma in particolare il 2°.

Conosciuta anche come "adularia", è una pietra tipicamente yin, e come tale dovrebbe essere attivata alla luce della Luna. È indicata per potenziare le energie femminili e per i disturbi dell'apparato genitale femminile. Pietra della "Grande Madre", la si usa nel caso di frigidità, sterilità femminile, per proteggere la gravidanza e per favorire l'allattamento. Regolarizza il ciclo mestruale e stimola la circolazione linfatica. Adatta ai temperamenti lunatici, può essere usata in meditazione sul 6° chakra per promuovere la sensibilità, l'intuizione e la chiaroveggenza. Consigliata alle persone – uomini o donne – che hanno conflitti con la propria madre: nel caso di qualsiasi lavoro emozionale volto a risolvere i problemi relativi alla madre, è d'obbligo prendere in considerazione questa pietra. La pietra di Luna rende ricettivi, potenzia le energie femminili, favorisce la pace interiore e sviluppa la tenerezza e la compassione.

In entrambi i sessi la si userà in presenza di scarsa sensibilità, mancanza di dolcezza, temperamento arrogante, rifiuto della propria componente femminile.

Pietra di Sole

Silicato di sodio, calcio e alluminio.
Durezza: 6-6$^1/_2$.
Colore: arancione-bruno brillante.
Chakra: 2°, 3°.

La pietra di Sole è una varietà di oligoclasio usata in terapia per favorire l'apporto di energia yang. Agisce infatti come antidepressivo, regalando ottimismo e spingendo l'individuo a essere più solare: si usa quindi per dissolvere la nube nera della malinconia, per instillare gioia di vivere, calore, fiducia in se stessi. La pietra di Sole ci sprona ad assumere un atteggiamento positivo anche nei confronti dei problemi che ci assillano; mitigando le tristezze, fa sì che recuperiamo la voglia di agire per raggiungere le mete che ci siamo prefissi. È adatta a coadiuvare il rimedio floreale di Bach *Mustard*.

Pirite

Solfuro di ferro.
Durezza: 6-6$^1/_2$.
Colore: giallo oro, lucentezza metallica.
Chakra: 3°.

La pirite presenta una notevole somiglianza con l'oro, tanto che in passato era chiamata "oro degli stolti" (*fool's gold* nelle aree di lingua inglese): per tale motivo essa assume una particolare importanza quando si voglia aiutare coloro che hanno problemi legati al denaro, sia che si tratti di avarizia o di eccessiva prodigalità. Alla stessa maniera, sarà la pietra da usare quando si opera su persone troppo immerse nel lavoro, troppo votate al tornaconto economico, ma la prenderemo in considerazione anche nel caso di soggetti che hanno scarsa dimestichezza con i soldi e le finanze in genere, e che finiscono con l'essere sottopagati e sfruttati nell'ambito della loro professione. Infine la pirite, il cui nome risale al greco *pyr*, "fuoco", se percossa con un oggetto metallico sprigiona scintille: in chiave simbolica tale caratteristica viene interpretata come facoltà di apportare calore, di scaldare le persone fredde.

Quarzo ametista

Biossido di silicio.
Durezza: 7.

Colore: da viola chiaro a viola intenso.
Chakra: 7°.

Conosciuto fin dall'antichità, il quarzo ametista non è solo una delle pietre più significative per la terapia del 7° chakra, ma possiede molti altri pregi. Anzitutto, il raggio viola che lo caratterizza è simbolo di elevazione spirituale e di trascendenza; in secondo luogo, le sue proprietà lenitive e calmanti, oltre che depurative, ne fanno un buon rimedio per tutti quei casi in cui si debba ottenere una rapida sedazione o, al contrario, si debba risvegliare un soggetto mentalmente "anestetizzato". Il nome "ametista" deriva infatti dal greco *amethystos*, "non ubriaco", poiché si riteneva che tale pietra facesse da scudo nell'abuso di alcol preservando la lucidità mentale: la credenza è confermata anche nell'ambito della cultura musulmana dal tunisino Ahmad al-Tīfašī (secolo XIII), il quale riferisce che «bere bevande alcoliche in qualsiasi quantità da una coppa di ametista impedisce l'ebbrezza»; inoltre, «un'ametista sotto il guanciale tiene lontani gli incubi»[63].

L'ametista ci connette ai piani più elevati, stimolando il contatto con sorgenti superiori di saggezza e serenità; la sua valenza spirituale è ribadita da tutti gli autori: «the amethyst has always been regarded as symbolical of the pioneer in thought and action on the philosophical, religious, spiritual, and material planes»[64]. Le proprietà di questo quarzo sul livello fisico dell'uomo si rivelano in relazione a mal di testa e mal di denti: «for pains in the head such as headaches or toothaches, it was recommended that an amethyst be immersed in hot water for a few minutes, dried carefully, and gently rubbed over the parts affected and the back of the neck»[65]. Il quarzo ametista è un ottimo rimedio contro le emicranie, le nevralgie facciali e i gonfiori di vario genere, tanto che questi disturbi vengono attenuati anche solo strofinando ripetutamente sulle parti interessate un esemplare burattato. Agisce sull'epifisi, facilita

[63] Ahmad al-Tīfašī, *Il libro delle pietre preziose*, a cura di Ida Zilio-Grandi, Venezia, Marsilio, 1999, p. 136.

[64] Isidore Kozminsky, *The Magic and Science of Jewels and Stones, Vol. I*, San Rafael, Cassandra Press, 1988, p. 98. [L'ametista è sempre stata considerata un simbolo del pioniere impegnato con il pensiero e l'azione sul piano filosofico, religioso, spirituale e materiale].

[65] *Ibidem*. [Per i dolori alla testa quali mal di testa e mal di denti, si raccomandava di immergere un'ametista in acqua calda per pochi minuti, asciugarla con cura e strofinarla dolcemente sulle parti affette e sulla zona posteriore del collo].

l'addormentamento nei soggetti sofferenti di insonnia e riequilibra la tendenza agli incubi apportando sogni rilassati e gioiosi. Per favorire una buona qualità del sonno, si tenga una piramide di ametista sotto il letto o una pietra burattata sotto il cuscino.

Quarzo ametrino

Biossido di silicio.
Durezza: 7.
Colore: viola-giallo.
Chakra: 3°, 7°.

Il quarzo ametrino è un insieme di quarzo ametista e di quarzo citrino (da cui il nome): per conoscere le sue potenzialità si rimanda quindi alla lettura delle schede relative a queste due pietre. Nel sistema dei rimedi floreali di Bach, il quarzo ametrino mostra una particolare corrispondenza con *Scleranthus*.

Quarzo citrino

Biossido di silicio.
Durezza: 7.
Colore: varie tonalità di giallo.
Chakra: 3°.

Bisogna fare attenzione quando si acquista questa pietra, poiché talvolta certi esemplari di colore giallo intenso o giallo aranciato, spacciati per quarzo citrino, sono in realtà delle ametiste che hanno subito un processo di riscaldamento allo scopo di alterarne il colore.

Il nome di questo quarzo sembra imparentato con il termine latino *citrus*, "limone"; tra le proprietà che la tradizione gli assegna abbiamo: dinamismo, sicurezza, entusiasmo, soddisfazione nel lavoro, socievolezza. Il giallo, tinta solare, rappresenta la gioia e l'ottimismo, quindi gli effetti del citrino sono anche antidepressivi. Rafforzando la fiducia in se stessi, rende più tolleranti nei confronti degli altri e permette di liberarsi dei pregiudizi. Poiché è legato alle questioni materiali, il citrino aiuta a prendere le decisioni giuste nel lavoro, nel campo degli affari e delle finanze. Amplifica il senso del dovere e può essere di aiuto agli studenti per acquisire sicurezza e impegnarsi maggiormente negli studi.

È consigliato nei tic nervosi, nei disturbi di stomaco e nelle flatulenze; agisce sul pancreas (ottimo per il diabete) ed è la pietra ideale per i disturbi alla vescica.

Quarzo fumé

Biossido di silicio.
Durezza: 7.
Colore: da bruno pallido a bruno intenso.
Chakra: 1°.

Il quarzo affumicato o fumé, detto anche "morione", è spesso sottoposto a irradiamento per accentuarne la "fumosità", oppure viene imitato con quarzo ialino parimenti irradiato: si sia dunque consapevoli della possibilità di questo stratagemma al momento della scelta di un esemplare.

Spingendoci a "mettere i piedi per terra", il quarzo fumé promuove l'accettazione della materialità e della fisicità, quindi è utile per coloro che rifiutano il proprio corpo e gli aspetti più materiali della vita. È indicato per le persone che si crogiolano nel vittimismo (associazione con il fiore di Bach *Willow*) e per quelle suscettibili e permalose. Agisce come bilanciatore dell'energia sessuale e stimola la salita dell'energia kundalini; promuove l'eliminazione dei cataboliti organici e rientra nelle cure per i disturbi alle gambe. Si utilizza in abbinamento all'amazzonite nelle terapie volte a eliminare il vizio del fumo: a questo scopo, esemplari di quarzo fumé verranno posizionati non solo sul 1° chakra, ma anche sul 5° e sul torace nella zona dei polmoni.

Quarzo ialino

Biossido di silicio.
Durezza: 7.
Colore: incolore, più o meno trasparente.
Chakra: tutti.

Detto anche "cristallo di rocca", il quarzo ialino è considerato il maestro dei cristalli, la pietra guida di qualsiasi cristalloterapeuta: esso è infatti insostituibile, e nella seduta di cristalloterapia rappresenta l'elemento chiave capace di veicolare le energie di tutte le altre pietre. Nell'antichità si riteneva che fosse ghiaccio pietrificato, oppure "luce allo stato solido", e gli si assegnava la qualifica di "panacea per tutti i mali".

Per la luce bianca che lo contraddistingue, il quarzo ialino riassume in sé tutti e sette i colori dell'iride, ed è quindi adatto a ogni tipo di esperienza, sia meditativa che di guarigione propriamente detta. Questo cristallo promuove la chiarezza a ogni livello, esalta le capacità di autoguarigione dell'organismo ed esplica un'efficace azione di purificazione dell'aura e degli organi sui quali viene adoperato: in quest'ultima, delicata operazione, esso è superato soltanto dal diamante e dal quarzo herkimer, sebbene queste ultime due pietre non possano essere impiegate con la maneggevolezza e la versatilità tipiche del quarzo ialino. Esso possiede la qualità di immagazzinare, amplificare e trasmettere vari tipi di energia, tra cui quella delle forme-pensiero che gli vengono affidate tramite la programmazione. Insieme ad altre pietre (tra cui l'ossidiana nera, la tormalina nera e la turchese), crea uno scudo di protezione contro le vibrazioni negative di differente origine a cui ogni giorno, spesso inconsapevolmente, siamo sottoposti. Aiuta a sopportare la fatica, lo stress, lo sfinimento fisico e mentale: costituisce una riserva di vitalità, forza e resistenza. Agisce sulla febbre e sulle parti del corpo che hanno perso sensibilità; viene consigliato nella convalescenza. Da solo o in abbinamento ad altre pietre, di cui rafforzerà l'efficacia, è un ottimo ausilio per trattare ogni genere di disturbi.

Per effettuare una pulizia energetica degli ambienti, oltre alle druse, possiamo servirci di 4 grossi generatori di quarzo ialino, collocandone uno in ciascun angolo della stanza, attivandoli con il nostro cristallo attivatore (vedi oltre) e collegandoli tra di loro mentre ci si sposta lungo le pareti, immaginando di creare una specie di circuito per tutto il perimetro della stanza; quindi si ingiunga a ciascun cristallo, visualizzando la nostra intenzione che passa attraverso l'attivatore e si dirige verso il cristallo posto nell'angolo, di rimuovere ogni vibrazione negativa presente nell'ambiente. Si lascino i cristalli in posizione per qualche ora, dopodiché si impartisca loro il comando mentale di interrompere il lavoro di pulizia, si rimuova ciascun generatore dalla sua collocazione e si proceda a purificarlo immediatamente. È bene comunque avere l'accortezza di non avviare questa operazione mentre si riposa, si dorme o si lavora nella stanza, per evitare di assorbire nella propria aura il processo vibrazionale che si innesca grazie all'azione dei quarzi.

Per ricaricarsi al termine di una giornata faticosa, si usino 3 generatori di quarzo ialino, ciascuno di dimensioni sufficienti (almeno 4-5 centimetri di lunghezza), ponendone due con la punta in direzione di ciascun piede, e uno con la punta rivolta verso il 7° chakra: in stato di rilassamento, ci si lasci attraversare per 15-20 minuti dai raggi rigeneranti emessi da ciascun cristallo. In alternativa, possiamo utilizzare solo due generatori, uno fra le gambe, rivolto in direzione del 1° chakra, e uno in direzione della testa. Anche il massaggio con una pietra burattata sulle parti del corpo doloranti svolge azione corroborante.

Con l'uso appropriato di un generatore o di un laser di quarzo ialino, come verrà spiegato nel corso del testo, potremo dirigere l'energia dove vorremo.

Quarzo rosa

Biossido di silicio.
Durezza: 7.
Colore: rosa, rosa pallido.
Chakra: 4°.

Pietra di base per il chakra cardiaco, è definita da parole chiave come *carità, sentimento, amore incondizionato*. Utile per chi mostra una tendenza all'aggressività, all'irritabilità, alla scortesia e all'egoismo, ma anche per i soggetti ipersensibili. Stimola il perdono e agisce nelle disarmonie emotive con componenti sentimentali e sessuali; trasforma la rabbia e la gelosia in pace interiore. Lenisce le ansie legate a carenze affettive (il cosiddetto "mal d'amore") e favorisce l'apertura emotiva verso gli altri. In abbinamento alle pietre verdi, si usa per l'angina pectoris, le palpitazioni, la tachicardia. Insieme all'ametista e alla celestina rientra nella categoria delle pietre adatte a favorire una buona qualità del sonno.

Quarzo rutilato

Biossido di silicio con inclusioni di rutilo.
Durezza: 7.
Colore: in genere incolore, trasparente, oppure bruno chiaro.
Chakra: 3°.

Chiamato anche "capelvenere", cioè "capelli di Venere", per le inclusioni di aghi sottilissimi di rutilo. Pietra "elettrica" e altamente corroborante, attiva il sistema immunitario, migliora le funzioni cerebrali e rigenera i tessuti. Stimola le ghiandole surrenali e va utilizzato per limitare gli effetti nocivi del cortisone chimico. Poiché protegge dalle radiazioni, dovrebbe essere collocato accanto ai computer, alle apparecchiature per radiologia e nei luoghi radioattivi. Aiuta i soggetti in corso di trattamenti chemioterapici. Sul piano mentale, il quarzo rutilato influisce positivamente sulla speranza, il senso di indipendenza e la rettitudine.

Quarzo tormalinato

Biossido di silicio con inclusioni di tormalina nera.
Durezza: 7.
Colore: incolore, trasparente.
Chakra: tutti.

Il quarzo tormalinato riunisce in sé le proprietà del quarzo ialino e della tormalina nera: si rimanda quindi allo studio di queste due pietre per conoscere nel dettaglio le proprietà di un cristallo tra i più interessanti.

Realgar

Solfuro di arsenico.
Durezza: $1^1/_2$-2.
Colore: rosso vivo.
Chakra: 1°.

Il realgar, in ragione del suo alto contenuto di arsenico (fino al 70%), si altera facilmente all'aria e alla luce ed è una pietra tossica, da utilizzarsi soltanto esternamente, poggiata sul 1° chakra, sui vestiti senza contatto con la pelle. Il processo di decomposizione è piuttosto visibile in quanto, dopo qualche tempo, il minerale perde colore e cade in polvere, trasformandosi in orpimento. Il realgar deve essere conservato al buio, dentro una scatolina separata dalle altre pietre, ed è buona norma non maneggiarlo a lungo senza poi lavarsi le mani.

Queste particolari caratteristiche la rendono tuttavia una pietra molto interessante, in genere trascurata dai manuali di cristalloterapia, che assume un ruolo specifico nelle sedute terapeutiche. Sofia Sienko la indica come la *pietra dei piaceri della carne*: «il colore rosso e il reticolo cristallino monoclino ci indirizzano ai chakra inferiori e qualcosa ci suggerisce che il realgar abbia molte correlazioni con i piaceri della carne. [...] Ed è proprio questa la funzione del realgar: porta alla luce ciò che il corpo fisico percepisce come fastidioso per mancanza di attività sessuale»[66]. Se siamo in presenza di problematiche sessuali non particolarmente intense, sarà sufficiente ricorrere al rubino, al granato e all'aragonite arancione; se invece la persona manifesta un desiderio imperioso e urgente di attività sessuale, sarà opportuno prendere in considerazione il realgar: esso agirà riequilibrando gli eccessi, anche nel caso di un soggetto frustrato riguardo alla sessualità. Il realgar possiede poi la proprietà di favorire l'assorbimento di energia rossa, cioè del 1° chakra, e di convogliarla a quelle zone del corpo che ne sono carenti: a questo proposito lo si usi insieme al rubino, al granato e al diaspro rosso.

Rodocrosite

Carbonato di manganese.
Durezza: 3½-4½.
Colore: rosa con striature bianche.
Chakra: 4°.

Caratterizzata da vibrazioni di tipo yang, la rodocrosite è una «pietra gioiosa e stimolante», in grado di conciliare la «passionalità ignea con il puro amore»; essa favorisce «lo slancio appassionato, riscattando ogni indecisione ed ogni freddezza»[67]. La rodocrosite, apportando dinamismo e spontaneità, aiuterà le persone timide a uscire dall'isolamento e stimolerà in loro la capacità di avviare rapporti interpersonali. È anche di aiuto per sviluppare il potenziale creativo; quindi deve essere presa in considerazione dagli artisti e da quanti svolgono attività che richiedono estro e inventiva. Poiché promuove l'amore disinteressato e la creatività nel campo amoroso, tale pietra rientra nel trattamento di disturbi legati all'incapacità di amare. Indicata per personalità deboli che tendono a farsi dominare, a subire il plagio da parte di personalità forti. Nel corpo fisico agisce sulle emicranie e sull'elasticità dei capillari.

Rodonite

Silicato di manganese.
Durezza: 6.
Colore: rosa con venature nere.
Chakra: 4°.

Anche la rodonite, come l'eliotropio, in virtù delle sue striature

[66] Sofia Sienko, *Il grande libro delle pietre. Le gemme più comuni e preziose, le loro proprietà curative e le loro virtù magiche*, Milano, Armenia, 1997, p. 246.

[67] Sw. Anadi, *Cristalli. Il Potere della Luce*, Peschiera del Garda (VR), Edizioni del Cigno, 1999, p. 146.

nere su un fondo rosa mette in relazione il 1° chakra con il 4°. È una pietra ottima nel caso in cui una persona sia stata oggetto di violenza sessuale, o più generalmente di violenza che abbia investito la sfera dei sentimenti e degli affetti: la rodonite mitiga i traumi derivanti da aggressioni e da schiaffi affettivi. È associata all'inconscio, dal quale fa emergere le situazioni irrisolte legate a faccende di cuore. Aiuta le persone che sono state vittime di sconquassi emotivi a recuperare il tono fisico e mentale; quindi è utile nelle crisi ansiose e nell'iperemotività. Stimola il rispetto e l'apprezzamento di sé, instillando fiducia nelle proprie possibilità. Nella litoterapia francese, la rodonite è sedativa e antidepressiva, adatta a casi di ridotta autostima e sfiducia in se stessi[68]: proprietà queste che collimano con quelle attribuite alla pietra in cristalloterapia.

Rubino

Ossido di alluminio.
Durezza: 9.
Colore: rosso.
Chakra: 1°.

Il rubino, come lo zaffiro, appartiene alla famiglia dei corindoni. Poiché è molto costoso, si usano le cosiddette "radici di rubino", cioè le pietre non trasparenti che mantengono tuttavia il caratteristico colore rosso. A prezzi contenuti si trovano le radici di rubino provenienti dall'India. Non si confonda il rubino con lo spinello rosso: queste gemme si somigliano talmente che è facile scambiarle.

Il rubino conferisce forza e dinamismo, accresce la passionalità, rafforza le unioni sentimentali e ostacola la tendenza all'infedeltà (consigliato l'abbinamento con il granato). Essendo collegato al sangue, agisce nei disturbi della circolazione, nell'anemia, nella leucemia, nelle alterazioni del ciclo mestruale. Come gemma dell'anello cardinalizio, rappresenta il potere terreno elevato nella dimensione della spiritualità e dell'amore per gli altri; è indicato per favorire la salita della kundalini verso il chakra del cuore, così da trasformare gli istinti sessuali più bassi e materiali in amore superiore.

[68] Cfr. Brigo, op. cit. alla nota 1, p. 294.

Smeraldo

Silicato di berillio e alluminio.
Durezza: $7^1/_2$.
Colore: variabile dal verde chiaro al verde smeraldo, o al verde scuro.
Chakra: 4°.

Anche per lo smeraldo, dato il suo prezzo elevato se esso ha qualità di gemma, si ricorre alle radici, smeraldi non trasparenti e quindi più economici. Pietra che di solito non rientra nel corredo standard dei cristalli usati per curare il 4° chakra, ma che assume invece una notevole importanza per sollecitare pensieri di cortesia, nobiltà, lealtà, educazione, rispetto, dolcezza: è la pietra dell'amor cortese, dell'ottica cavalleresca, degli ideali più elevati e altruistici.

Lo smeraldo «simbolicamente esprime l'essenza magica, taumaturgica e sapienziale che è celata nel nostro cuore ed in quello di tutta la creazione»; la sua valenza esoterica è tra le maggiori, poiché ad esso «sono connessi gli spiriti più liberi della Natura, il segreto del Graal e dell'Alchimia»[69]. Il mito del Graal riporta che tale calice, nel quale Giuseppe d'Arimatea raccolse il sangue di Cristo crocifisso, fosse stato intagliato nello smeraldo staccatosi dalla corona di Lucifero, al momento della caduta di quest'ultimo agli inferi. In questi termini, la leggenda del Graal conferma che bene e male non sono altro che i due aspetti opposti e complementari sui quali è costruita la nostra realtà.

Sodalite

Silicato di sodio e alluminio.
Durezza: $5^1/_2$-6.
Colore: blu con striature bianche.
Chakra: 5°, 6°.

Adatta a trattare le infezioni e le infiammazioni delle vie aeree inferiori e superiori, la sodalite è ottima nel raffreddore, nelle tonsilliti, sinusiti e otiti. Stimola il sistema linfatico esercitando azione di drenaggio delle tossine e promuovendo il riequilibrio dei liquidi organici. Usata sul 5° chakra, produrrà ordine e coerenza nell'espressione verbale, donando la capacità di affermare le proprie convinzioni mantenendosi fedeli a se stessi.

[69] Sw. Anadi, op. cit., p. 149.

Se usata sul terzo occhio, favorirà la concentrazione e apporterà disciplina mentale, esaltando le facoltà logiche e razionali della mente. È adatta ai soggetti ipersensibili, iperemotivi, che non sono in grado di gestire appieno la propria energia mentale e che, dopo aver trattenuto le tensioni a livello interiore per lungo tempo, reagiscono in maniera esagerata e imprevedibile in presenza di stimoli esterni di minima entità.

Spinello

Ossido di alluminio e magnesio.
Durezza: $7^1/_2$-8.
Colore: vari colori; si usano principalmente la varietà rossa, arancione, verde e azzurra.
Chakra: in relazione al colore.

Lo spinello di colore rosso, chiamato anche “nobile” o “balascio”, in passato veniva confuso con il rubino per la notevole somiglianza con quest’ultimo: il cosiddetto “Black Princess Ruby”, che fa parte dei gioielli della corona britannica, non è un rubino ma uno spinello.

Questa gemma, dal costo abbastanza elevato, trova le sue maggiori applicazioni nella cura delle patologie della pelle: eruzioni, eczemi, psoriasi, micosi, dermatiti allergiche e di ogni altro tipo. La frequenza vibrazionale dello spinello, più alta di quella dell’avventurina verde (altra pietra idonea a trattare i disturbi della pelle), rappresenta un valido aiuto per agire sulle cause sia fisiche sia emotive dei problemi di pelle: maggiore efficacia si avrà abbinando lo spinello a pietre attive su quei conflitti psichici specifici che appaiono collegati alla patologia. Inoltre, i risultati delle sedute di cristalloterapia saranno migliorati dall’assunzione dell’elisir di spinello, con il quale si faranno anche impacchi e lavaggi sulle zone colpite.

Riguardo ai colori con cui lo spinello si presenta, si dovranno studiare le associazioni più probabili tra il disturbo epiteliale e la componente sottile riconducibile a uno o più chakra, così da agire prevalentemente su quei chakra con gemme dalla tonalità appropriata.

Sugilite

Silicato complesso di litio, potassio, sodio e ferro.
Durezza: 7.

Colore: viola scuro o rosso porpora.
Chakra: 6°, 7°.

Scoperta in Giappone solo in tempi recenti (intorno agli anni Quaranta) da un ricercatore giapponese di nome Sugi, su questa pietra la tradizione non ci ha tramandato nessuna informazione. Il suo successo negli ambienti della cristalloterapia americana si deve in parte a Katrina Raphaell, che l'ha ribattezzata "luvulite" (dalla parola inglese *love*, "amore"): tale pietra è diventata il simbolo della Nuova Era.

Celebrata in molti manuali per i suoi presunti effetti nella terapia dell'Aids, la sugilite viene largamente utilizzata anche per tutte le altre malattie del sistema immunitario e per le malattie degenerative. Indicata nell'epilessia e nel caso di disturbi motori, viene consigliata per agire sugli squilibri del sistema linfatico e per drenare le tossine raccolte nel sangue e negli organi: a questo proposito la si userà sulla milza, sul fegato, sulle ghiandole linfatiche, sull'inguine, sulle clavicole e sotto le braccia. Posta sopra al 6° chakra, la sugilite «mostra al discepolo sincero perché si sono creati gli squilibri di ordine fisico e quali sono gli ammonimenti insiti nell'esperienza in questione»[70]; essa favorisce la comprensione mentale e spirituale del mondo fisico ed è una potente alleata per la preghiera e la meditazione.

Topazio

Fluoroidrossisilicato di alluminio.
Durezza: 8.
Colore: vari colori.

Occorre una certa prudenza qualora ci si metta alla ricerca dei topazi, poiché talvolta si trovano in commercio pietre che non sono topazi naturali, seppur vengano spacciate come tali: la contraffazione più comune è rappresentata dall'ametista riscaldata ad alte temperature per farla assomigliare al topazio giallo, oppure ci si può imbattere in topazi azzurri che sono invece topazi incolori irradiati ai raggi gamma per ottenere la tonalità di azzurro desiderata.

Il topazio di qualunque colore calma le paure e le irrequietezze donando un sentimento di sicurezza equilibrata, senza eccessi. Ma la sua peculiarità più sottile è un'altra: considerato da sempre un simbolo di giovinezza, viene utilizzato per agire sulla struttura del DNA allo scopo

[70] Raphaell, *Cristalli*, op. cit., p. 129.

di ringiovanire le cellule, aumentare la vitalità del corpo e rinvigorire la mente. Le vibrazioni del topazio lo rendono «estremamente specializzato nella sua capacità di indirizzare l'energia di potenziamento verso il sistema immunitario del corpo»[71]. In relazione a questa azione sulle cellule, gli si riconoscono anche effetti positivi sulla pelle, tanto che può essere utilizzato come tonico antirughe. Nelle discipline che lavorano sui meridiani, come lo shiatsu, il massaggio con un cristallo di topazio può rappresentare un aiuto per stimolare i flussi di energia lungo i percorsi dei meridiani.

Topazio arancione

Chakra: 2°.

Potenzia la sensibilità e la flessibilità; calma le paure legate alla sessualità, stimolando la capacità di lasciarsi andare e inclinando ad aprirsi in maniera equilibrata al piacere; permette di incrementare la fertilità.

Topazio azzurro

Chakra: 5°.

Indicato nel malfunzionamento della tiroide (sia in ipo che in iper) e nelle infiammazioni della gola; come l'acquamarina, agisce nella difficoltà di esprimersi legata a timidezza, nella balbuzie e nelle tensioni del collo. Ottimo per gli studenti che si spaventano davanti a un'interrogazione o un esame orale: un topazio azzurro li aiuterà ad esporre i concetti studiati con calma e sicurezza.

Topazio giallo

Chakra: 3°.

Nella tonalità giallo-oro è conosciuto come "topazio imperiale", e gli si riconosce la proprietà di riscaldare e illuminare i centri della volontà, donando fascino, magnanimità, capacità di autorealizzazione, generosità e stima per i propri meriti. Valido per le infiammazioni di qualunque tipo, non solo a carico dell'apparato digerente ma anche relative ad altri

[71] Slate, op. cit., p. 149.

organi e apparati; indicato per aiutare il 3° chakra posteriore in tutte le sue funzioni. Stimola l'appetito e facilita il metabolismo dei grassi; quindi può essere consigliato per problemi di linea.

Topazio rosso

Chakra: 1°.

Specifico per calmare ansie e paure nelle persone "eteree", poco radicate, che temono i disagi fisici e non hanno un rapporto corretto con il proprio corpo. Combatte la sindrome di affaticamento cronico.

Tormalina

Ciclosilicato complesso di alluminio e boro con presenza di metalli diversi.
Durezza: $7^1/_2$.
Colore: vari colori.

Le tormaline hanno generalmente effetti di riequilibrio delle polarità, ma possono esplicare anche un'azione di tipo tonico. Il nome viene fatto risalire, attraverso il francese *tourmaline*, a un termine cingalese: tale pietra infatti, conosciuta in passato da alcune culture mediterranee, cominciò a diffondersi in Europa intorno agli inizi del secolo XVIII grazie agli Olandesi che la importarono dall'isola di Ceylon.

In virtù della proprietà triboelettrica, la tormalina se viene strofinata si carica elettricamente: le due estremità divengono l'una polo positivo, l'altra polo negativo, così che essa attira piccoli frammenti di carta, granelli di sabbia e simili. Usando la tormalina in cristalloterapia, ci si vale di questa proprietà di tipo elettrico per stimolare la ricostituzione cellulare: «dalle sperimentazioni condotte, emerge che questa pietra ha soprattutto il dono di accelerare il processo di rigenerazione delle cellule [...]. Gli esperimenti, hanno confermato il suo enorme potere cicatrizzante su ferite chirurgiche o traumatiche»[72]. Altre pietre dotate di striature (come l'acquamarina, la kunzite, il topazio) velocizzano la veicolazione delle energie che sono loro proprie grazie alla presenza delle striature stesse. Da un punto di vista mentale ed emozionale, Raphaell consiglia la

[72] Giuditta Dembech, *I cristalli. L'intelligenza nascosta*, Settimo Torinese (TO), Edizioni L'Ariete, 1990, p. 193.

spirale di tormaline «per chi desideri liberarsi di sofferenze emotive profonde»[73]; a tale scopo, l'autrice consiglia di operare nel modo seguente:

> Si mettono almeno sei pezzi di tormalina rosa/verde intorno al *chakra* del cuore, formando una spirale con rotazione in senso orario. Se si usano bacchette di tormalina, vanno disposte con l'apice verso l'esterno, in direzione delle braccia. Occorre impugnare almeno una bacchetta di tormalina e spostarla con un movimento a spirale sopra i punti in cui sono poste le pietre. Mentre la bacchetta si muove in senso orario salendo a spirale attraverso l'aura intorno al *chakra* del cuore, le energie emotive represse vengono liberate[74].

In relazione al colore, ciascun cristallo di tormalina agisce comunque secondo sfumature proprie. Vediamone le singole caratteristiche.

Tormalina azzurra

Chakra: 5°.

Adatta a favorire l'espressione equilibrata delle verità e delle convinzioni personali in un'interazione armonica con le verità e le convinzioni altrui. Dà creatività alla parola, sia orale che scritta, permettendo di considerare anche gli aspetti opposti di una situazione. Ottima per scrittori, oratori e per chiunque abbia a che fare con le parole.

Tormalina gialla

Chakra: 3°.

La tormalina gialla bilancia i comportamenti esagerati riguardo all'impegno sociale, nell'ambito di un gruppo di lavoro, di una collettività qualsiasi o della famiglia. Accresce la praticità e la creatività manuale. Adatta alla purificazione della pelle in caso di problemi dermatologici.

Tormalina indaco

Chakra: 6°.

Detta anche "indicolite", insieme allo zaffiro è la pietra più potente per favorire l'apporto della vibrazione cromatica indaco, e quindi per

[73] Raphaell, *Cristalli*, op. cit., p. 51.
[74] *Ibidem*.

agire sul chakra connesso a questo colore, il 6°. Indicatissima per una mente troppo razionale, che deve imparare ad esercitare l'emisfero destro del cervello, quello preposto all'intuizione, alla meditazione, alle facoltà di sensibilità e di chiaroveggenza. Permette infatti di andare al di là delle apparenze della vita terrena, stimolando la facoltà di aprirsi a nuove dimensioni.

Tormalina nera

Chakra: 1°.

Detta anche "sciorlite", è la più conosciuta e la più a buon mercato. Utilizzata per aumentare il radicamento, la tormalina nera è anzitutto una pietra di protezione, capace di scaricare a terra le vibrazioni negative prima che esse possano venire assorbite nell'aura: «essa infatti è ritenuta uno scudo di protezione che salvaguarda la persona che ne fa uso da tutte le energie negative circostanti di qualunque tipo»[75]. Specifica per assicurare protezione e incolumità durante i viaggi di qualsiasi genere, effettuati con qualsiasi mezzo (auto, nave, treno, aereo), questa pietra viene utilizzata anche per contrastare gli effetti deleteri delle radiazioni. Un rimedio floreale che assicura una certa protezione dalle influenze esterne e che rappresenta un buon coadiuvante della tormalina nera è il californiano *Yarrow*, ricavato dalle infiorescenze dell'*Achillea millefolium*; per rigenerare i corpi sottili devastati da fonti di radioattività si ricorrerà invece al rimedio composto *Yarrow Special Formula*.

Sul piano fisico, la tormalina nera è adatta alla terapia degli organi posti sotto il controllo del plesso radicale; sul piano emotivo e caratteriale, essa promuove la stabilità e l'autocontrollo, spingendo a liberarsi dai pensieri negativi e facilitando il distacco dalle tendenze vittimistiche e di autocommiserazione.

Tormalina rosa

Chakra: 4°.

Positiva per la pressione bassa, mentre per problemi di pressione alta si sceglierà il crisoprasio e la tormalina verde. Pietra di valenza yin, insieme alla tormalina verde è tra le più particolari per rimuovere i blocchi che condizionano il 4° chakra; può essere usata in abbinamento alla tormalina rossa (quest'ultima da collocarsi sul 1° chakra)

[75] Giovine, op. cit., p. 91.

allo scopo di armonizzare l'amore con la sessualità, o per risolvere problemi che vedono un coinvolgimento di queste due aree. Sulla zona del cuore, la tormalina rosa agisce in presenza di un eccesso di energia yang potenziando l'energia yin in modo da ripristinare il giusto equilibrio: come tale, è indicata in presenza di emozioni yang quali rabbia, odio, intolleranza. Aiuta a liberarsi dal peso di esperienze passate che risultino distruttive a livello emotivo; scioglie i conflitti con la figura materna.

Tormalina rosa-verde

Chakra: 4°.

Detta anche tormalina "anguria", è un potente rimedio per tutti i problemi riconducibili al chakra cardiaco. In virtù del suo doppio colore, essa assomma le qualità della tormalina rosa e di quella verde. Poiché simboleggia la fusione delle energie yin e yang del cuore, la tormalina "anguria", similmente al cristallo tantrico, può essere impiegata per accrescere la sintonia con la persona amata. In letteratura la sua azione sul piano fisico viene collegata alle paresi e alla sclerosi multipla[76].

Tormalina rossa

Chakra: 1°.

Detta anche "rubellite", si usa per convogliare flussi di energia rossa nel 1° chakra in modo da riattivarne le funzioni. È la più yang di tutte le tormaline: agisce aumentando la forza vitale e la potenza fisica. Se usata sui chakra 1° e 4° insieme alla tormalina rosa e alla rodonite, può provocare reazioni emotive di grande intensità soprattutto riguardo ad abusi sessuali subiti o perpetrati.

Tormalina verde

Chakra: 4°.

Conosciuta anche come "verdelite", è una pietra che apporta energia di tipo yang. In modo complementare alla tormalina rosa, la verde agisce nell'eccesso di energia yin potenziando l'energia yang così da bilanciare le due forze opposte. Ottima per affrontare le difficoltà di avvicinarsi nuovamente all'amore dopo delusioni subite che hanno prodotto

[76] Cfr. Balladori, op. cit., p. 171.

reazioni yin quali annientamento di sé, caduta dell'autostima, sensi di colpa, tristezza, chiusura affettiva. Si rivela utile anche nel trattamento dei problemi affettivi con i genitori, purché tali problemi siano riconducibili alle modalità yin suddette. In particolare, la tormalina verde si riferisce a conflitti con la figura paterna.

A livello fisico, rafforza il sistema nervoso conferendo una maggiore resistenza nei confronti di stress e stanchezza; è di aiuto contro gli attacchi virali. Dembech ne sottolinea la validità in relazione a ferite e cicatrici: «si può operare con un cristallo di tormalina grezza verde, dirigendo l'energia direttamente sul luogo dove è necessario far rigenerare le cellule. Funziona con l'efficacia di un piccolo laser»[77].

Turchese

Fosfato idrato di rame e alluminio.
Durezza: 6.
Colore: da azzurro a verde, in tonalità pallide.
Chakra: 5°.

Attenzione alle turchesi colorate artificialmente per ottenere una tinta azzurra più marcata, e a quelle imitate con paste di vetro, o mediante la colorazione di altre pietre: un esempio molto comune in questo senso è rappresentato dalla cosiddetta "turchesite", talvolta spacciata per vera turchese[78]. La turchese originale si caratterizza per la tinta azzurro cielo, mentre alcune varietà, come quelle provenienti dalla Cina, sono di colore verde chiaro. Si ricordi inoltre che è una pietra delicata, soggetta ad alterarsi in presenza di sudore, cosmetici, profumi e per effetto del calore.

Conosciuta dalla tradizione esoterica occidentale, la turchese deve il suo nome alla Turchia o, secondo altri, alla regione del Turkestan, nell'antica Persia, dove si trova ancora oggi un giacimento. In passato si riteneva che preservasse dalle cadute da cavallo: a tale scopo i lapidari medievali consigliavano di attaccarla alle briglie. Molto popolare nella cultura degli Indiani d'America, veniva da questi considerata "dimora

[77] Dembech, op. cit., p. 194.

[78] La turchesite è in realtà una howlite (dal nome del suo scopritore H. How): subnesosilicato di calcio contenente boro, pietra biancastra con venature grigionere, proveniente in massima parte dal Tick Canyon della California. Tale pietra, immersa in appositi bagni, assume un colore azzurro brillante, molto più accentuato di quello della turchese naturale.

degli spiriti di tutti gli animali", e rappresentava pertanto il fulcro dei rituali volti alla guarigione delle mandrie, dei cavalli e di ogni altro animale.

Da secoli la turchese è simbolo di grande protezione, tanto da essersi meritata l'appellativo di *spugna delle negatività*: se nell'antichità le si attribuiva il potere di allontanare il malocchio e fungere da antidoto contro gli incantesimi, la moderna cristalloterapia riconosce a questa pietra, in ragione della sua porosità, la capacità di assorbire le energie negative di qualunque tipo. Essa deve però venire purificata spesso per eliminare le vibrazioni di cui tende a impregnarsi. Se la si indossa, è necessario mantenere pensieri positivi per evitare che la pietra assorba le nostre energie mentali sgradevoli favorendone il ristagno nell'aura. Associata all'aria, al cielo, alla respirazione e ai polmoni, è benefica nei disturbi respiratori e polmonari; valida per incanalare il prana attraverso il respiro, trova impiego anche in caso di reumatismi e nelle terapie mirate a sopprimere il vizio del fumo. Usata sul 5° chakra, permette di esprimersi con amicizia e lealtà. Per le sue doti volte a distornare gli influssi ostili, la turchese «protegge gli oratori dalle critiche negative e conferisce forza alle loro parole»[79].

Zaffiro

Ossido di alluminio.
Durezza: 9.
Colore: indaco.
Chakra: 6°.

Con il termine "zaffiro" (probabilmente dal greco *sapheiros*, "di colore blu") si intende sempre ed esclusivamente un corindone di colore blu-indaco. Pietra costosa e difficile da reperire, sia allo stato grezzo (in quanto viene sempre tagliata come gemma) sia come radice.

Santa Ildegarda afferma che lo zaffiro «indica il grande amore per la saggezza», e che la pietra è da usarsi «nel caso in cui si desiderino possedere buone capacità intellettuali e una conoscenza profonda e solida»[80]. Dalla sperimentazione risulta in effetti che questa gemma amplifi-

[79] Ursula Klinger-Raatz, *Magia e segreti delle pietre preziose. Suggerimenti per l'attivazione dei sette centri energetici dell'uomo mediante pietre, cristalli e minerali*, Roma, Edizioni Mediterranee, 1990, p. 71.

[80] Santa Ildegarda, *Il libro delle pietre. Guida pratica all'uso dei cristalli oggi*, Rivarolo (TO), Centro di Benessere Psicofisico, 1992, p. 25.

ca l'anelito alla conoscenza e alla verità; inoltre, stimola l'ipofisi, accresce il desiderio di preghiera, di meditazione e di raccoglimento. È considerata la pietra principe per trattare il 6° chakra, dato che favorisce l'intuizione e attiva le percezioni extrasensoriali: essendo dotata di un'energia molto forte non è però adatta a tutte le persone. Sul piano fisico migliora la memoria, innesca i meccanismi di autoguarigione e agisce nelle affezioni oculari; infine, può essere di aiuto contro la calvizie e il sonnambulismo.

Zircone

Nesosilicato di zirconio.
Durezza: $6^1/_2$-$7^1/_2$.
Colore: vari colori.
Chakra: secondo il colore.

Lo zircone di colorazione rossastra o arancione in varie sfumature è il famoso "giacinto" dei lapidari medievali, molto apprezzato nell'antichità in quanto gli si attribuiva il potere di curare la follia e di rendere le persone più ragionevoli. In certi esemplari vi può essere una bassa presenza di afnio, torio e uranio, che rendono questa pietra leggermente radioattiva, e dunque da utilizzarsi con prudenza. Oltre alla varietà "giacinto", lo zircone è rappresentato da una gamma di tinte che vanno dal verde, al giallo, al marrone; in gioielleria, la varietà incolore imita il diamante a prezzi sensibilmente più bassi, ma attenzione: spesso si tratta di zirconi che vengono "schiariti" attraverso procedimenti termici.

Pietra che aiuta a lavorare con i simboli e i significati analogici, ci permette di raggiungere la verità oltrepassando il velo dell'illusione. È quindi da prendere in considerazione quando si voglia capire quali comportamenti sarebbe bene abbandonare e quali strade intraprendere; inoltre, aumenta la facoltà di cogliere le virtù nascoste di persone e situazioni. Apportando tranquillità, è indicato per l'insonnia, poiché calma la mente invasa dai pensieri circolari, dei quali non si riesce a liberarsi: in tale contesto rafforza l'azione del rimedio floreale di Bach *White Chestnut*. Lo zircone rende più disponibili a nuove esperienze, spinge al rinnovamento e amplifica la volontà di migliorare la propria vita. Agisce anche nella timidezza e nella tendenza alla sottomissione.

La varietà "giacinto" rivitalizza il 2° chakra rendendo più creativi e sicuri i soggetti sessualmente sottomessi ed eccessivamente passivi nel rapporto intimo.

La varietà giallo-bruna, adatta al 3° chakra, è utile nei disturbi della milza e nei problemi legati al cibo (anoressia, bulimia, inappetenza).

Zoisite

Sorosilicato di calcio e alluminio.
Durezza: 6 - 7.
Colore: vari colori.
Chakra: secondo il colore.

È una delle pietre della Nuova Era, in quanto è stata scoperta solo nel 1954: pare che debba il suo nome a un collezionista di minerali, il barone von Zois[81]. La varietà più pregiata, di colore blu-indaco, viene chiamata "tanzanite" ed è correlata al 6° chakra. Esistono altre varietà, i cui colori variano dal bianco al verde, al viola rosato. La sperimentazione ha rilevato una netta relazione della zoisite con le ansie maschili nei riguardi della donna: dai blocchi emotivi che incidono sulla sessualità (ad esempio l'impotenza), all'incapacità di gestire il rapporto con la donna emancipata, in carriera, indipendente e sicura di sé, la cui personalità procura al maschio timori e insicurezze e viene percepita come castrante. Oltre alla terapia dell'impotenza sessuale, la zoisite trova impiego nei disturbi dell'apparato genitale maschile come l'eiaculazione precoce, le patologie della prostata e dei testicoli.

[81] Cfr. Gienger, op. cit., p. 398.

5. Purificazione, attivazione e rigenerazione di pietre e cristalli

Al momento della scelta di una pietra, sia che ci rechiamo in un negozio sia che ce la procuriamo da un'altra parte, è importante seguire alcune indicazioni.

Anzitutto, dobbiamo assicurarci che la pietra sia naturale, cioè non ottenuta con procedimenti di laboratorio, e che non sia stata trattata con radiazioni o con tinture speciali per modificarne il colore; in secondo luogo, dopo le dovute valutazioni di tipo tecnico, sarà bene scegliere la pietra in modo intuitivo, assecondando le sensazioni che proviamo quando ce la troviamo di fronte. Se abbiamo la possibilità di scegliere tra un certo numero di esemplari della stessa pietra, disponiamoli tutti davanti a noi e studiamoli uno per uno, facendo caso al colore, alla maggiore o minore lucentezza, alla levigatezza e alla trasparenza, oltre che alle dimensioni: quanto a quest'ultimo punto, è meglio prendere pietre di dimensioni medie, non troppo piccole (tranne che per il 6° chakra, dato che la fronte rappresenta uno spazio ristretto) e non troppo grandi, che si possano collocare tranquillamente sul corpo senza che scivolino tra le pieghe dei vestiti. Le pietre troppo piccole possono andare perse nello scarico del lavandino quando le laviamo sotto l'acqua corrente, le pietre troppo grandi possono risultare eccessivamente pesanti e ingombranti per essere posizionate sul corpo; d'altro canto, se in una seduta di cristalloterapia intendiamo fare uso di molte pietre, converrà poter disporre di esemplari di varie misure per creare agevolmente le configurazioni descritte in seguito.

Una volta stabilite le dimensioni più opportune ed effettuata una prima selezione, orientiamoci su quegli esemplari che più si accordano con il nostro senso estetico, con il gusto personale o con l'uso che intendiamo fare della pietra. Eseguiamo quindi una seconda selezione, scartando le pietre che non rispondono ai requisiti suddetti, e concentriamoci su un piccolo numero di esemplari che ci appaiono parimenti interessanti: se dobbiamo sceglierne uno solo, cerchiamo di intuire quello che è più adatto a noi, quello con il quale potremo lavorare meglio. A questo proposito però non si consiglia di prendere in mano ciascun esemplare cercando di captare la sua energia, poiché non conosciamo la storia della pietra, il percorso che l'ha condotta nel negozio, e dunque, a meno di poter contare su doti di sensitività come la *psicometria*[82], percepiremmo di sicuro vibrazioni alterate, relative alle energie, anche negative, di cui la pietra si è caricata a partire dal momento in cui è stata estratta dalla miniera. Per tale motivo il primo passo da compiere una volta entrati in possesso di una pietra o di un cristallo è quello della purificazione, come viene spiegato oltre. Volendo capire dunque quale esemplare è il più adatto a noi, sarà sufficiente porsi questa domanda mentalmente mentre osserviamo le pietre, e cogliere quell'attimo di intuizione che si presenterà alla nostra mente attraverso il "terzo occhio" (il 6° chakra): senza bisogno di toccare le pietre, una di esse ci colpirà in modo particolare, e sarà essa la meta della nostra ricerca.

Vediamo adesso nel dettaglio come si procede alla purificazione, all'attivazione e alla rigenerazione degli strumenti che abbiamo scelto per operare con la cristalloterapia.

Purificazione

Porre sul fondo di un recipiente di vetro perfettamente pulito uno strato di sale grosso (consigliato il sale marino integrale); adagiare le pietre da purificare sullo strato di sale, avendo cura che non si tocchino le une con le altre, e versare altro sale sopra di esse fino a ricoprirle completamente. L'uso del sale come rimedio di purificazione è antichissimo, e si ritrova in molte culture:

> È simbolo di salvezza nel Vangelo, di saggezza nella liturgia battesimale, ha valore di comunione e fraternità nei rituali ebraici, è simbolo di amicizia incorruttibile e ospitalità presso i greci e gli arabi e un potente purificatore

[82] La psicometria è la facoltà, posseduta da alcuni sensitivi, di captare informazioni legate a un oggetto, semplicemente tenendolo in mano e concentrandosi su di esso. Biagi e Pompas, nell'opera già citata, ne parlano come di una "memoria degli oggetti", definendola «una forma di retrocognizione che ha bisogno di un "testimone"»; appunto, tenendo in mano un oggetto qualsiasi, «si può rivivere attraverso sensazioni o immagini la sua storia o quella della persona che l'ha posseduto!» (p. 117).

in quasi tutte le tradizioni. […] Anche la tradizione italiana è ricca di "riti purificatori" di persone e cose mediante il sale: gli si attribuisce un potere assorbente le negatività[83].

Se il recipiente è sufficientemente profondo, si possono porre altre pietre sopra lo strato di sale intermedio (purché le pietre sottostanti siano completamente nascoste dal sale) e ricoprire anch'esse con altro sale. Il recipiente da usare deve essere esclusivamente di vetro: il vetro è un materiale igienico, si lava con facilità, e la sua superficie liscia fa sì che le vibrazioni di qualunque tipo scivolino via; la ceramica, al contrario, non è adatta perché porosa, mentre i recipienti di metallo sono assolutamente da evitare per la reazione elettrolitica che si potrebbe verificare nel contatto con il sale.

Se le pietre sono state appena acquistate o reperite per la prima volta, e dunque si procede alla loro prima purificazione, esse devono essere tenute sotto sale per 1 giorno[84]: consideriamo all'incirca l'ora in cui le abbiamo poste nel recipiente e togliamole dopo che sono passate approssimativamente 24 ore, cioè il giorno successivo più o meno alla stessa ora. Se ci si dimentica di toglierle entro il giorno successivo, si deve prolungare la purificazione fino a 3 giorni, in quanto simbolicamente i numeri pari (2-4-6-8), essendo numeri femminili, passivi, ricettivi, non apportano un cambiamento e non sono adatti alla purificazione. Si deve sempre rispettare il valore simbolico del numero di giorni impiegati per la purificazione: a tale scopo, si purificano le pietre tenendole sotto sale per un numero di giorni dispari, in modo da avvalersi dell'energia propria dei numeri maschili (1-3-7-9), attivi e pertanto capaci di apportare un cambiamento. Riguardo al 5, pur essendo questo un numero maschile è meglio evitarlo, poiché in numerologia è considerato instabile e incapace di apportare una purificazione affidabile.

[83] Omaggio, op. cit., pp. 84-85.

[84] La purificazione per 1 giorno sotto sale (o in soluzione salina o nell'argilla, come spiegato oltre) acquista una particolare importanza, anche in termini ritualistici, quando entriamo in possesso di una pietra per la prima volta, e dunque ignoriamo i suoi trascorsi e il tipo di energia di cui è caricata: allo scopo dunque di azzerare completamente ogni vibrazione negativa si segue la consuetudine di riporla nel sale per la durata di 1 giorno intero. Qualcuno potrebbe ritenere sufficiente anche una purificazione della durata di una sola notte, ma proprio nell'intento di riportare la pietra a uno stato di "verginità" e per far sì che da quel momento in poi essa diventi solo nostra, è buona norma attenersi all'intervallo di tempo delle 24 ore.

Se siamo in possesso di pietre molto grosse, come le druse di quarzo, oppure se non abbiamo sale a sufficienza, possiamo purificarle in una soluzione salina (alcune pietre non devono essere immerse in acqua: vedi oltre). A tale scopo, sempre in un recipiente di vetro, poniamo sul fondo uno strato di sale, quindi riempiamo il recipiente di acqua, sistemiamo le pietre e versiamo sopra ad esse altri pizzichi di sale in modo che siano ben contornate, anche se non completamente ricoperte, di sale. Prolunghiamo l'immersione per 1 giorno intero (24 ore).

Dopo aver tolto le pietre dal sale, gettiamo il sale o la soluzione salina nella pattumiera o nel WC, pronunciando mentalmente una preghiera alla Terra perché si faccia carico delle energie negative di cui è impregnato il sale e le disperda; concludiamo con un ringraziamento alla Terra. Mettiamo dunque le pietre sotto il rubinetto dell'acqua fredda e lasciamole sotto il getto per alcuni minuti, procedendo a lavarle con un bagnoschiuma o un sapone neutro. Mentre si procede a insaponarle e a sciacquarle, visualizziamo una luce bianca emanata dall'acqua corrente che purifica ed energizza le pietre. Una volta asciugate con un panno pulito (meglio un asciugamano o una stoffa di origine naturale, come il cotone), le pietre sono pronte per l'attivazione.

Se le pietre sono state purificate in precedenza con la tecnica di 1 giorno intero sotto sale e devono essere nuovamente purificate perché adoperate in una seduta o in altro modo, è raccomandabile operare secondo uno dei procedimenti seguenti:

1. Porle sotto sale o in soluzione salina per almeno 3 ore: questa è la tecnica più affidabile se pensiamo che le pietre debbano essere purificate in modo energico.
2. Se riteniamo adeguata una purificazione più leggera, perché ad esempio abbiamo operato con pietre e reiki (non dimentichiamo che il reiki stesso attenua le vibrazioni negative), oppure se si tratta di pietre per uso personale, può essere sufficiente insaponarle bene con sapone neutro e lasciarle per alcuni minuti sotto il getto di acqua fredda. Se si tratta di pietre da non mettere in acqua, possiamo esporle al reiki per qualche minuto, oppure ai vapori dell'olio essenziale di lavanda o all'incenso, oppure possiamo anche tenerle per un'ora sotto sale. Dopo possiamo strofinarle bene con un panno pulito e provvedere alla loro riattivazione al riverbero solare.

Un'altra tecnica di purificazione, tipica della cultura dei nativi americani – i Pellerossa o Indiani d'America – consiste nell'esporre le pietre alla fumigazione di una miscela di tre piante essiccate: salvia, tuia e lavanda. Si consiglia questo sistema per la purificazione periodica dell'ambiente in cui si svolgono le sedute di cristalloterapia, mentre riguardo alle pietre è opportuno usare la tecnica del sale subito dopo l'acquisto, per la prima purificazione, e la fumigazione successivamente. Le foglie essiccate e triturate di salvia rappresentano anche un valido rimedio per preservare la purezza dei cristalli quando essi non vengono utilizzati: «la salvia forma una barriera tra il cristallo e le influenze esterne e quindi è una buona idea preparare uno strato di quest'erba per adagiarci sopra il cristallo»[85].

Bisogna comunque tenere presente che la durata e le modalità della purificazione (1-3 giorni sotto sale, o mediante l'uso di altre tecniche) dipendono anche dalla sensibilità del terapeuta, nonché dall'entità delle energie negative a cui le pietre sono state esposte durante le sedute. Una purificazione condotta soltanto con l'incenso sembra essere più blanda rispetto a quella eseguita mediante il sale: in ogni caso, Master Choa suggerisce di usare l'incenso al legno di sandalo[86].

Pietre da non purificare sotto sale o in soluzione salina.

Le pietre seguenti, per la loro delicatezza o per la facilità a sbiadirsi, non si prestano ad essere tenute per ore sotto sale, e tantomeno in una soluzione di acqua e sale, perché questi sistemi di purificazione potrebbero alterarne l'aspetto e la lucentezza: ambra, azzurrite, boji, calcite, celestina, cianite, ematite, fluorite, kunzite, lapislazzuli, lepidolite, magnetite, malachite, opale, paesina, pietra di Luna, pietra di Sole, pirite, realgar, turchese; tutte le pietre contenenti alte percentuali di ferro e tutte quelle delicate, porose, che hanno un valore di durezza basso nella scala di Mohs, e che dunque si graffiano facilmente o si sbriciolano se strette con una certa forza.

Tali pietre verranno dunque purificate con la tecnica di 1 giorno intero sotto *argilla ventilata* (reperibile in farmacia)[87]. Nel caso di minerali

[85] Wabun Wind - Anderson Reed, *Cristalli, semi di luce*, Giaveno (TO), Edizioni Amrita, 1999, p. 145.

[86] Cfr. Master Choa Kok Sui, *L'antica arte e scienza del Pranic Healing con i cristalli*, Cesena (FO), Macro Edizioni, 1999, p. 19.

[87] Anche l'argilla, in modo simile al sale, esplica azione assorbente e purificante.

dotati di cristalli, come l'azzurrite, sarà opportuno, dopo averli estratti dall'argilla, spazzolarli delicatamente con un pennello a setole naturali per rimuovere le tracce di argilla.

Al posto del bagno sotto il getto di acqua fredda, con sapone, per completare la purificazione converrà esporre gli esemplari per alcuni minuti al reiki, o ai vapori dell'olio essenziale di lavanda, o all'incenso. Dopodiché, si procederà all'attivazione.

Riguardo agli opali, poiché essi contengono acqua, è opportuno tenerli periodicamente a bagno in acqua, anche per 1-3 giorni, in modo da evitare la perdita del loro effetto iridescente e delle loro proprietà.

Attivazione

Dopo la purificazione, le pietre devono essere attivate. La modalità di attivazione più comune consiste nell'esporle per qualche ora al riverbero della luce del Sole: migliori sono le ore della mattina, fino alle 12.00, in quanto il Sole si trova nella sua fase ascendente e dunque, simbolicamente, le sue energie sono in crescita. Volendo seguire la simbologia dei numeri, le pietre dovrebbero esposte all'irradiazione solare per 1-3 ore: anche in questo caso si ricorre alla caratteristica dei numeri maschili, capaci di imprimere energia di tipo yang. Non è tuttavia indispensabile seguire queste indicazioni in maniera tassativa: possiamo avere un'attivazione sufficiente anche esponendo le pietre nel pomeriggio, e anche in giornate in cui il cielo è coperto: basta che ci sia una buona luminosità, che la giornata non sia troppo grigia e che non piova. E, similmente, non è indispensabile esporre le pietre per 1-3 ore, si può farlo anche per 2 ore: si tenga solo presente che queste accortezze, facendo leva su valori simbolici, aumentano la carica che si imprime alle pietre.

Abbastanza categorica è invece la prassi di esporre le pietre fuori casa: sul davanzale o sul terrazzo, o ancora meglio, in giardino a contatto con la terra. Ciò per catturare l'energia dei quattro elementi contemplati dalla tradizione esoterica occidentale: *Terra*, *Acqua*, *Fuoco*, *Aria*.

Volendo rafforzare la presenza dei quattro elementi nel momento in cui si attivano le pietre, possiamo usare i seguenti accorgimenti:

- Per l'elemento *Terra*, esporre le pietre in un giardino o in un bosco; oppure, su un recipiente pieno di terra.

- Per l'elemento *Acqua*, può essere sufficiente l'umidità dell'aria, ma certo l'energia aumenta in prossimità di un ruscello o di un corso d'acqua; si può anche collocare una ciotola piena d'acqua accanto alle pietre.
- Per l'elemento *Fuoco*, l'emanazione solare apporta tutta l'energia relativa.
- Per l'elemento *Aria*, infine, non si deve fare altro che esporre le pietre all'aperto e non dentro casa; naturalmente, l'irradiazione è maggiore se soffia una leggera brezza.

È consigliabile non esporre le pietre alla luce diretta del Sole, ma sempre in un posto all'ombra vicino al punto in cui batte il Sole, in modo che esse possano beneficiare del riverbero. Se comunque si ritiene opportuno esporne alcune alla radiazione solare diretta, tenere presente che le pietre seguenti potrebbero risentirne quanto a colore e lucentezza: agata azzurra, ambra, azzurrite, calcedonio azzurro, calcite, celestina, crisoprasio, fluorite, kunzite, lapislazzuli, lepidolite, malachite, opale, paesina, pietra di Luna, quarzo ametista, quarzo ametrino, quarzo ialino, realgar, smeraldo, turchese, zaffiro.

Durante l'attivazione al riverbero solare, se si volesse imprimere ai cristalli una maggiore carica energetica, è utile effettuare una breve meditazione in prossimità degli stessi, focalizzando su di essi il pensiero e impartendo loro il comando mentale di assorbire il prana di ciascuno dei quattro elementi. Dopo essersi concentrati per alcuni minuti su questo proposito, si lascino pietre e cristalli nella collocazione in cui li abbiamo sistemati, e si torni a prenderli quando sarà trascorso il tempo che abbiamo stabilito per la loro attivazione: in quel momento, si dia lo "stop" per interrompere l'assorbimento di prana e si recuperino i cristalli, avendo cura di riporli in contenitori di materiale naturale.

Le pietre possono essere attivate anche alla luce della Luna: tuttavia, trattandosi di un'attivazione con energia yin (a differenza del Sole, che emette energia yang), bisogna avere maggior sensibilità e scegliere bene le pietre da caricare con questa energia. Mentre le pietre attivate alla luce solare si impiegano in generale per tutti i tipi di trattamenti, le pietre attivate alla luce lunare sono più indicate per trattare problemi di fertilità, disturbi agli organi femminili, squilibri emotivi, eccessiva durezza di carattere, carenza di qualità yin, persona troppo yang, rifiuto della femminilità, soggetto (uomo o donna) che rifiuta la propria componente femminile e manca di sensibilità.

Per energizzare una pietra alla luce della Luna, la si espone all'esterno dell'abitazione nelle ore serali, in genere a partire dalle 20.00, solo in giorni specifici, e precisamente: il giorno precedente il plenilunio, il giorno del plenilunio, e il giorno seguente il plenilunio (naturalmente può bastare l'esposizione in uno solo di questi 3 giorni). Controllare su almanacchi e calendari quando cade il plenilunio e regolarsi di conseguenza.

Tra le pietre che offrono migliori risultati se attivate alla luce della Luna ricordiamo: pietra di Luna, crisocolla, occhio di gatto, opale. Le pietre seguenti possono essere attivate sia alla luce solare che a quella lunare, ma la radiazione della Luna sembra essere loro particolarmente propizia: aragonite arancione, azzurrite, celestina, dolomite, kunzite, lepidolite, tormalina indaco, tormalina rosa, zaffiro.

In linea generale le pietre adatte per i chakra di numero pari (2-4-6), cioè i chakra femminili, ricettivi, yin, reagiscono bene se attivate alla Luna; le pietre per i chakra di numero dispari (1-3-5-7), cioè i chakra maschili, attivi, yang, reagiscono bene se attivate al Sole.

Per quanto riguarda la pietra di Luna, disponendo di alcuni esemplari di essa caricati alla radiazione lunare, potremo usarli da soli in una seduta di cristalloterapia per assicurare al soggetto un forte apporto di energia yin.

Un altro metodo di attivazione: mare o ruscello, sempre che le loro acque non siano troppo inquinate. Porre pietre e cristalli (tranne quelli da non immergere in acqua) in un sacchetto di tela o di materiale naturale, oppure in una rete a maglie fitte, o in una garza da medicazioni, e tuffare le pietre nell'acqua del mare o del ruscello per varie volte, trascinando il sacchetto nella corrente. Ripetere l'operazione finché lo si ritiene opportuno, chiedendo mentalmente alle energie dell'acqua di attivare le pietre e concludendo con un ringraziamento.

Nel valutare la potenza energetica di cui può essere dotato un cristallo, si tenga conto non soltanto di come sono state eseguite la purificazione e l'attivazione, ma anche di altri fattori:

1. Le dimensioni del cristallo: pur con le dovute eccezioni, un cristallo grande è di solito più potente di uno piccolo.

2. La maggiore o minore trasparenza: ci riferiamo principalmente alle gemme, ai cristalli di quarzo ialino, fumé, ametista, citrino e alle pietre che mostrano una certa trasparenza, per le quali è consuetudine ritenere che la maggior trasparenza sia indice di maggiori proprietà.
3. Il tipo di interazione energetica con l'operatore. Nel libro di Slate si legge quanto segue:

   > Abbiamo delle prove che indicano che il cristallo, come la piramide, risulta potenziante con la sua mera presenza. Ma quando interagiamo attivamente con esso, noi ampliamo il suo influsso stimolando i poteri latenti che abbiamo in noi. Quindi non può sorprenderci il fatto che le due componenti essenziali di tutte le tecniche di potenziamento che utilizzano il cristallo siano: (1) il riconoscimento del potenziale di rafforzamento intrinseco al cristallo stesso, e (2) l'interazione deliberata con il cristallo come strumento di potenziamento[88].

   Si rifletta dunque sul tipo di vibrazioni che l'operatore imprime al cristallo in relazione al suo livello evolutivo, allo stile di vita che conduce e al periodo, più o meno tranquillo, che sta attraversando. Sia che si tratti di vibrazioni positive dipendenti dalla volontà dell'operatore (come il fatto di sentirsi in sintonia con il cristallo, rivolgendogli pensieri di collaborazione), o di condizionamenti negativi legati allo stato di salute personale (stanchezza, presenza di emozioni irrisolte o di vere e proprie patologie), tutto ciò sarà in grado di influenzare il rendimento del cristallo. Se l'operatore soffre di disturbi tanto da avere necessità di venire egli stesso aiutato, è chiaro che non potrà ottenere buoni risultati nell'utilizzo della cristalloterapia sugli altri: dovrà per prima cosa attuare un risanamento su se stesso.

4. Le modalità di conservazione quando il cristallo non è operativo e la qualità dell'ambiente in cui tale conservazione avviene.

Rigenerazione

[88] Slate, op. cit., p. 140.

[89] Ciò si può notare dalla perdita di lucentezza, dal fatto che il colore si è sbiadito, dalla sensazione – tenendolo in mano – che esso sia ormai "scarico" e non riesca più a gestire l'energia come dovrebbe.

Dopo alcuni mesi che si lavora con pietre e cristalli, sia per sedute di cristalloterapia che per usi personali, è necessario procedere alla rigenerazione degli stessi. Quando un cristallo ha lavorato molto, ha assorbito energie negative e si è sovraccaricato[89], dobbiamo rigenerarlo sotterrandolo per un numero dispari di giorni consecutivi, cioè 1-3-7-9, secondo la maggiore o minore rigenerazione che reputiamo necessaria. Pietre e cristalli vanno posti sotto terra, in un vaso di terracotta, un comune vaso da fiori pieno di terra cercando, per quanto possibile, di avere a disposizione terra di buona qualità, non inquinata. È anche possibile sotterrare le pietre in giardino: se si opta per il giardino, attenzione all'annaffiatura di eventuali piante vicine, tenendo presente che per certe pietre è meglio evitare il contatto con l'acqua e con gli ambienti umidi. La terra disperde le energie negative accumulate e rigenera il cristallo. Al termine del numero di giorni prescelto, il cristallo non dovrà essere purificato (tutt'al più si potrà lavarlo con acqua fredda o spazzolarlo con un pennello a setole naturali), ma si procederà all'attivazione.

Pietre e cristalli possono anche essere rigenerati per periodi più brevi, specialmente se lo si fa con una certa frequenza: 1-3 giorni, a discrezione della sensibilità individuale. Una tecnica mista di purificazione e rigenerazione consiste nel collocare gli esemplari su una drusa di quarzo ialino o di quarzo ametista, lasciandoceli per alcune ore o per un numero dispari di giorni consecutivi, come già detto: tuttavia, questa procedura non produce gli effetti profondi che vengono assicurati dal contatto con la terra, e la si userà pertanto solo nei casi meno impegnativi.

6. Meditazione con un cristallo

La meditazione dovrebbe sempre essere effettuata con ogni pietra di nostra proprietà, con i cristalli appena acquistati o almeno con quelli che usiamo più spesso, allo scopo di sintonizzarci con simili strumenti. Quando siamo entrati in possesso di una pietra, subito dopo averla purificata e attivata è opportuno dedicarle almeno una seduta di meditazione, così da allineare la nostra energia con la sua e familiarizzare con essa. Nel caso poi che si sia incerti sull'uso di un esemplare, oppure ci sfuggano le sue proprietà, possiamo ugualmente ricorrere alla meditazione. Se una particolare pietra è adatta ad aiutarci nella soluzione di qualche problema personale, la pratica meditativa, stimolando lo scambio di energia a livello spirituale, favorirà in noi la presa di coscienza necessaria per affrontare e risolvere quel problema, e potenzierà gli effetti della pietra rispetto alla semplice consuetudine di portarla indosso durante la giornata. Per entrare in uno stato di rilassamento, necessario alla pratica meditativa, eseguite i passi seguenti:

1. Sistematevi in un luogo confortevole. Mettetevi comodi, evitando di indossare abiti che vi diano fastidio, staccate il telefono ed evitate di essere disturbati. Togliete di dosso tutti i metalli. Potete stare seduti con la schiena eretta ma non in tensione, oppure sdraiati. Se possibile, con l'aiuto di una bussola cercate il Nord e rivolgete le spalle in quella direzione (se siete seduti a schiena eretta), oppure allineate il lato più lungo del letto o della stuoia su cui siete sdraiati secondo l'asse magnetico terrestre Nord-Sud (testa a Nord, piedi a Sud).
2. Rilassati, respirate tranquillamente cercando di avvertire il respiro vitale che percorre tutto il vostro corpo. Lasciate correre via tutti i pensieri, create il vuoto mentale.
3. Prendete il cristallo e poggiatelo sul corpo secondo lo schema che segue, quindi date inizio alla meditazione:

- sul *plesso solare* (3° chakra) se siete persone attive, concrete, più propriamente immerse nella realtà fisica;
- sul *plesso cardiaco* (4° chakra), per un approccio di tipo affettivo, per persone molto sensibili alle emozioni "di cuore e di sentimento";
- sul *plesso frontale* (6° chakra), per un approccio di tipo intuitivo, adatto a chi ha familiarità con immagini, simboli, visualizzazioni;
- nel *palmo della mano sinistra* (destra se siete mancini), per ricevere impressioni e sensazioni nella mano direttamente collegata all'emisfero destro del cervello, l'emisfero dell'intuizione.

Se il cristallo è dotato di punta, questa deve sempre essere rivolta verso l'alto, verso la testa, mentre se lo teniamo nel palmo della mano, la punta deve essere rivolta verso il chakra della mano, in entrata.

Durante la meditazione, sarà possibile percepire le qualità intrinseche della pietra o del cristallo, o avere un'intuizione circa l'uso appropriato dello stesso. È bene non dedicarsi alla meditazione con un atteggiamento frettoloso, aspettandosi un risultato dopo una sola seduta: per ottenere risultati di un certo livello dobbiamo armarci di pazienza e costanza, senza stancarci di ripetere la seduta più volte, chiedendo mentalmente al cristallo di entrare in relazione con noi e di comunicarci qual è la sua specialità, come possiamo utilizzarlo.

Al termine della meditazione, tornate lentamente alla realtà della stanza e riaprite gli occhi, cercando di dare una valutazione delle immagini e delle sensazioni percepite.

7. Corredo di base per cristalloterapia

Si consiglia di avere a disposizione almeno 3 di ciascuna delle pietre seguenti (doppie per il 1° chakra); ciò per poter eseguire almeno 3 sedute consecutive, valendosi per ogni seduta di pietre purificate e attivate che non siano state utilizzate nella seduta precedente: ogni soggetto deve infatti essere trattato con esemplari non usati su altre persone, non prima che quelli già usati in una seduta siano stati purificati e riattivati. Inoltre, con un maggior numero di pietre a disposizione, si può eseguire un trattamento sia sui chakra anteriori che su quelli posteriori, cambiando le pietre quando la persona si gira in posizione prona sul lettino, oppure si possono collocare più pietre sui chakra anteriori.

Con il tempo, il corredo di pietre andrà aumentando, e l'operatore di cristalloterapia potrà disporre di un certo numero di esemplari con cui eseguire varie sedute consecutive, semplicemente usando altre pietre senza dover aspettare che quelle già utilizzate siano state purificate e riattivate. Ecco le pietre di base per ciascuno dei chakra maggiori.

1° chakra: diaspro rosso, ematite, tormalina nera (due esemplari di ciascuna pietra, da porre sugli inguini).

2° chakra: aragonite arancione, corniola arancione, diaspro arancione (anche il diaspro rosso può andare bene).

3° chakra: occhio di tigre, quarzo citrino, quarzo rutilato.

4° chakra: avventurina verde, quarzo rosa, rodonite.

5° chakra: acquamarina, lapislazzuli, sodalite.

6° chakra: occhio di falco; eventualmente, un'altra pietra di colore indaco, oppure una pietra di colore viola.

7° chakra: una punta di quarzo ametista; oppure, se si pone una pietra viola sul 6° chakra (oltre naturalmente alla pietra indaco, come l'occhio di falco), una punta di quarzo ialino.

È utile servirsi anche di 2 punte di quarzo fumé (oppure ialino) per i piedi, e di 2 punte di quarzo ialino per le mani (fig. 16 e seguenti); consigliabili inoltre alcuni esemplari di malachite. Un certo numero di quarzi ialini burattati può essere impiegato sui chakra sia in abbinamento alle pietre colorate, sia senza altre pietre: una seduta con i soli quarzi ialini esplica un effetto di drenaggio delle vibrazioni negative ed energizza l'aura. Indispensabile infine il cristallo attivatore debitamente preparato (vedi capitolo successivo).

8. Preparazione del cristallo attivatore

Il cristallo attivatore è lo strumento fondamentale di qualsiasi seduta di cristalloterapia. È categorico che si tratti di un cristallo di quarzo ialino naturale, non tagliato dall'uomo, non levigato artificialmente, meglio se con la punta non scheggiata: esso deve essere sufficientemente grande da stare in mano, con la punta che esce dal pugno (quindi almeno 10 cm di lunghezza). Per quanto riguarda il tipo di cristallo, cioè il suo inquadramento in una categoria di cristalli in relazione alla forma, l'attivatore è di solito un cristallo *generatore*. Alcuni terapeuti preferiscono invece usare un cristallo *laser*, altri uno *scettro*: tutte e tre le tipologie possono andar bene, a discrezione della sensibilità individuale e dell'attrazione che l'una o l'altra forma esercita sull'operatore che se ne serve; l'importante è attenersi a una di queste tre categorie specifiche ed evitare di utilizzare altri cristalli non adatti allo scopo, come ad esempio i biterminati.

Il cristallo deve essere stato precedentemente purificato, attivato al riverbero della luce solare e preparato con una meditazione appropriata. Una volta purificato e attivato il cristallo, per prepararlo al suo compito procedete nel modo seguente:

1. Sistematevi in un luogo confortevole. Mettetevi comodi, evitando di indossare abiti che vi diano fastidio, staccate il telefono ed evitate di essere disturbati. Togliete di dosso tutti i metalli. Potete stare seduti con la schiena eretta ma non in tensione, oppure sdraiati. Se possibile, con l'aiuto di una bussola cercate il Nord e rivolgete le spalle in quella direzione (se siete seduti a schiena eretta), oppure allineate il lato più lungo del letto o della stuoia su cui siete sdraiati secondo l'asse magnetico terrestre Nord-Sud (testa a Nord, piedi a Sud).
2. Rilassati, respirate tranquillamente cercando di avvertire il respiro vitale che percorre tutto il vostro corpo. Lasciate correre via tutti i pensieri, create il vuoto mentale.

3. Prendete il vostro cristallo. Prendetelo tenendo il dito pollice della mano destra (sinistra se siete mancini) sotto la base del cristallo e il dito indice sopra la punta dello stesso. Portate il cristallo all'altezza del terzo occhio, e appoggiatelo sulla fronte.

4. Visualizzate il vostro pensiero che, sotto forma di una luce dorata, entra nel cristallo. Questa luce porta pensieri del tipo: "Il tuo compito sarà di assistermi nelle sedute di cristalloterapia"; "Il tuo aiuto sarà per me prezioso: ti prego di svolgere il tuo compito al meglio delle tue possibilità"; "Dovrai eseguire il riequilibrio dei chakra, l'attivazione delle pietre e degli altri cristalli, e convogliare le energie di guarigione secondo le necessità del momento e secondo i comandi che ti impartirò nelle varie occasioni"; "Ti ringrazio fin d'ora per l'aiuto che sarai capace di darmi".
   Potete convogliare al cristallo ogni altro pensiero simile a questi, che riteniate opportuno in relazione alla vostra personalità. Naturalmente, non è necessario che le frasi da usare durante la meditazione incentrata sul cristallo attivatore siano identiche a quelle suggerite in questa sede: l'importante è creare uno schema mentale adatto per preparare il cristallo al suo compito. Ricordate sempre di *non inserire negazioni nelle frasi*, e di impostare ogni pensiero al positivo, con rispetto per il cristallo ma con decisione. Non dovete considerare il cristallo come uno strumento da sopraffare con il vostro potere mentale, al quale dare solo ordini: al contrario, dovete sintonizzarvi con lui come si farebbe con un collaboratore, un amico che saprà aiutarvi e verso il quale manifesterete sempre affetto, attenzione e gratitudine.

5. Ringraziate il cristallo e la sua energia. Quando siete pronti, tornate lentamente alla realtà della stanza e riaprite gli occhi. Il cristallo attivatore di solito viene tenuto riposto insieme al corredo di pietre da usarsi per le sedute di cristalloterapia, ma se ne sentite l'esigenza potete portarlo con voi durante il giorno, in modo che esso si carichi ancora di più delle vostre doti terapeutiche.

Se la procedura sopra descritta viene ripetuta, nello stesso identico modo, per 3 giorni consecutivi, la preparazione del cristallo attivatore diventa ancora più forte; in linea generale, comunque, anche una sola volta può essere sufficiente.

9. Programmazione di un cristallo

Regole generali

I cristalli programmabili sono principalmente i seguenti: quarzo ialino, quarzo ametista, quarzo fumé, quarzo rutilato, quarzo citrino. Il cristallo deve avere la punta, deve essere naturale e non tagliato o manipolato dall'uomo, quindi non deve essere burattato (levigato e arrotondato artificialmente). Pietre e cristalli burattati possono essere trattati con la stessa tecnica di programmazione di seguito descritta ma, in ragione dell'assenza di punta, esplicano una ripetizione del messaggio inserito di qualità inferiore rispetto ai cristalli dotati di punta.

Il cristallo funziona come una banca dati, come un computer che riverbererà per voi e attorno a voi il messaggio inserito. Il cristallo programmato può essere prestato e regalato ad altri (se contiene un'affermazione impersonale).

Per disinserire il messaggio, occorre purificarlo con la tecnica di 1 giorno intero sotto sale, o soluzione salina, o argilla secondo la pietra. Dopo averlo tenuto per 1 giorno sotto sale, effettuare una breve meditazione incentrata sul cristallo con l'intenzione di rimuovere ogni traccia di programmazione. Prima di effettuare una nuova programmazione, attivare il cristallo al riverbero del Sole.

Se abbiamo più messaggi o richieste, è opportuno programmare cristalli diversi, ognuno con un'affermazione o una richiesta diversa: meglio non inserire due o più messaggi differenti nello stesso cristallo. Quest'ultima regola non si applica al cristallo attivatore, poiché nel suo caso non si tratta di una vera e propria programmazione, quanto di una "preparazione al suo compito"; inoltre, come strumento da utilizzarsi soltanto nelle sedute di cristalloterapia, esso sarà chiamato a svolgere mansioni diverse secondo le necessità.

In relazione alla durata della programmazione, cioè il lasso di tempo durante il quale il messaggio inserito sarà attivo e verrà riverberato, si indica di solito 1 mese circa. Massimo Mantovani indica un tempo analogo: «se la programmazione è stata effettuata in modo corretto, [...] l'intenzione rimane nel cristallo per circa 28 giorni. Trascorso questo tempo la forza dell'intenzione non sarà più sufficiente perché il cristallo possa essere usato con profitto in Cristalloterapia»[90].

A prescindere da quella che può essere la validità effettiva, in termini di tempo, di una programmazione (la quale dipende in larga misura dalla forza e dall'incisività con la quale è stata inserita), dopo qualche settimana essa comincerà comunque ad affievolirsi e sarà necessario provvedere alla purificazione e alla riattivazione del cristallo; dopodiché, esso potrà essere nuovamente programmato.

Affermazione

Il messaggio inserito deve essere breve, chiaro e preciso. Prima di procedere, scrivetelo su un biglietto che poi conserverete insieme al cristallo stesso, in modo da non confonderlo con altri cristalli programmati.

L'affermazione deve essere formulata *al presente e senza inserire negazioni*. Essa può essere di due tipi:

1. Una frase positiva capace di esprimere ciò che si vorrebbe vedere realizzato, dunque per esempio: "Io sono sano e felice", "In questa stanza si raccolgono solo vibrazioni energetiche positive", "Il mio ginocchio è sano", "Il mio nuovo lavoro mi piace e mi dà molte soddisfazioni", e via dicendo. Questo tipo di affermazione è più adatto a persone dal carattere attivo, determinate e sicure di sé, che si avvarranno del messaggio riverberato dal cristallo per portare a compimento le proprie aspirazioni.
2. Una vera e propria richiesta al cristallo, così da sentirsi maggiormente coadiuvati dalla sua energia: "Aiutami a trovare un nuovo lavoro", "Produci serenità nella mia vita affettiva", "Fammi trovare nuovi amici", "Aiutami a intraprendere una strada di evoluzione". Questo tipo di affermazione si addice a persone dal carattere più propriamente passivo, che hanno bisogno di interazioni basate su una componente affettiva e desiderano sentirsi sostenute nei loro intenti.

[90] Massimo Mantovani, *Il potere curativo dei cristalli*, Milano, De Vecchi, 1999, pp. 59-60.

L'uno e l'altro tipo di affermazione vanno bene: si tenga sempre presente che ciò che conta è la potenza dell'intenzione (il *pensiero* è esso stesso una forma di energia), e di conseguenza assume valore il nostro schema mentale, la nostra volontà di migliorare, evolverci, risolvere i problemi ed esaudire così i nostri desideri. Da questo punto di vista, poco importa dunque che si chieda aiuto al cristallo o che lo si programmi con una frase che esprime le nostre aspettative.

Naturalmente, sia che si opti per un tipo di affermazione o per l'altro, non si devono mai inserire frasi come "Io non sono né malato né triste", "Elimina la mia malattia", "Cancella i contrasti con i colleghi di lavoro" e simili, cioè frasi contenenti negazioni o che indichino una riduzione, un'eliminazione, una soppressione di qualcosa di sgradevole: è infatti molto più saggio orientare qualsiasi pensiero al positivo, in modo da sviluppare dentro di noi, grazie all'aiuto del cristallo, quella forza necessaria a produrre i cambiamenti che vogliamo.

Si ricordi che i cristalli devono essere programmati solo per aiutare noi stessi e gli altri a progredire nella *Luce* (riassumendo in questo termine le qualità superiori dell'uomo come amore, verità, saggezza, compassione e spiritualità), quindi essi devono sempre contenere messaggi positivi, che facilitano un'evoluzione.

Mentre scrivete il messaggio sul biglietto e mentre programmate il cristallo, visualizzate voi stessi (o la persona per cui agite) nella situazione desiderata. Ad esempio, se volete che una persona sia piena di energia, o riesca a trovare un lavoro, visualizzatela pimpante e intenta a svolgere un'attività professionale che la soddisfa. In questo caso, renderete subito reale il vostro messaggio, che poi il cristallo provvederà a riverberare.

Si propongono di seguito due modalità di programmazione, entrambe parimenti efficaci.

Programmazione

Tecnica della tavola nera

1. Sistematevi in un luogo confortevole. Mettetevi comodi, evitando di indossare abiti che vi diano fastidio, staccate il telefono ed evitate di essere disturbati. Togliete di dosso tutti i metalli. Potete stare seduti con la schiena eretta ma non in tensione, oppure sdraiati. Se possibi-

le, con l'aiuto di una bussola cercate il Nord e rivolgete le spalle in quella direzione (se siete seduti a schiena eretta), oppure allineate il lato più lungo del letto o della stuoia su cui siete sdraiati secondo l'asse magnetico terrestre Nord-Sud (testa a Nord, piedi a Sud).
2. Rilassati, respirate tranquillamente cercando di avvertire il respiro vitale che percorre tutto il vostro corpo. Lasciate correre via tutti i pensieri: l'unico pensiero deve essere il messaggio che volete inserire e che avete già scritto su un foglio.
3. Prendete il vostro cristallo. Prendetelo tenendo il dito pollice della mano destra (sinistra se siete mancini) sotto la base del cristallo e il dito indice sopra la punta dello stesso. Portate il cristallo all'altezza del terzo occhio, e appoggiatelo sulla fronte. Se il cristallo è molto grosso e non può essere tenuto comodamente in mano, poggiate semplicemente la mano destra (o sinistra se siete mancini) su di esso.
4. Adesso visualizzate di entrare dentro il cristallo attraverso il respiro o il pensiero. Dopo qualche respirazione, entrate con serena decisione nel cristallo passando dalla punta, da un piccolo accesso o da un segno che avrete individuato prima.
   Ora siete dentro il cristallo, con lo sguardo rivolto a una delle pareti trasparenti: qui c'è una tavola nera e, sopra il bordo, un piccolo cristallo perfettamente identico a quello dentro al quale vi trovate. Questo piccolo cristallo serve soltanto a scrivere sulla tavola nera.
   Riportate alla mente l'affermazione che volete inserire nel cristallo. Impugnando il piccolo cristallo, scrivete sulla tavola nera la vostra affermazione, lettera per lettera, così come l'avete scritta in precedenza sul foglio. Indietreggiate di qualche passo e osservate ciò che avete scritto sulla tavola. Visualizzate quindi un raggio dorato che, uscendo dal vostro terzo occhio, ripassa ciascuna delle lettere da voi scritte. Adesso la programmazione è avvenuta, inserita nel cristallo. Ringraziate il cristallo e la sua energia.
5. Immaginate di uscire dal cristallo con il respiro, dal punto in cui siete entrati o dalla punta. Respirate profondamente e riprendete contatto con il vostro corpo, senza fretta.
6. Quando siete pronti, tornate lentamente alla realtà della stanza e riaprite gli occhi. Conservate il cristallo programmato insieme al biglietto con la programmazione e, per favorire maggiormente le energie che lavorano alla realizzazione della vostra intenzione, portate il cristallo con voi per almeno qualche ora al giorno.

Tecnica della luce dorata

Eseguite i punti 1, 2 e 3 descritti nella modalità di programmazione precedente, quindi continuate come segue.

Visualizzate un flusso di luce dorata che fuoriesce dal 6° chakra e si riversa sul cristallo, penetrandolo e riempiendolo fino a che questo si illumina e risplende della stessa luce. A questo punto formulate la frase di programmazione e visualizzate le parole che passano all'interno del cristallo attraverso la luce dorata.

Ringraziate il cristallo e la sua energia, quindi concludete con il punto 6, come per la modalità precedente.

Sia che si scelga l'una o l'altra delle modalità sopra descritte, se si ha l'accortezza di ripeterla, nello stesso identico modo, per 3 giorni consecutivi, la programmazione diventa ancora più forte; in linea generale, comunque, anche una sola volta può essere sufficiente. In alternativa alla ripetizione per 3 giorni consecutivi, si possono eseguire entrambe le tecniche, l'una dopo l'altra, nell'ambito della stessa meditazione con il cristallo, avendo cura di inserire lo stesso messaggio senza alcuna alterazione.

10. Nozioni generali per operare con pietre e cristalli

- Le pietre da porsi sul corpo nelle sedute di cristalloterapia non devono essere forate: evitare dunque i grani impiegati in collane e bracciali, o ciondoli che siano attraversati da un foro. Ciò perché la pietra forata subisce la perdita di energia attraverso il foro. Collane e bracciali costituiti da sferette o grani di pietre, se purificati e attivati secondo le norme, possono essere usati come coadiuvanti terapeutici da indossare durante il giorno: l'energia che si disperde attraverso i fori è comunque compensata dal maggior numero di grani che compongono la collana o il bracciale.
- I quarzi ialini vanno bene su ciascuno dei 7 chakra, siano essi burattati o a punta; lo stesso dicasi per il quarzo herkimer, per la calcite "spato d'Islanda", per la fluorite incolore e in generale per tutte le pietre bianche o trasparenti. Anche alcune pietre nere, come l'ossidiana e la diopside "Black Star", possono venire usate sugli altri chakra oltre al 1°: ci si riferisca per maggiori informazioni al profilo della singola pietra.
- Ambra, malachite e turchese, per le loro capacità assorbenti, si pongono nelle zone del corpo in cui si provano fastidi o dolori, specialmente se nella seduta di cristalloterapia la persona ci avvisa di provare sensazioni sgradevoli in punti precisi.
- Per chi lavora al computer, le pietre appropriate da porre sul monitor e da purificare e riattivare periodicamente sono: tormalina nera (scarica a terra le radiazioni), fluorite (di solito la varietà incolore, ma vanno bene anche le altre: la fluorite, indipendentemente dal colore, elimina le energie in eccesso), malachite (esplica azione assorbente, ma va purificata spesso), quarzo ialino (esplica azione purificante), quarzo rutilato (protegge dalle radiazioni), quarzo tormalinato (assomma le proprietà del quarzo ialino e delle tormalina nera).
- Le pietre poste su ciascun chakra possono essere collegate alle altre tramite quarzi ialini biterminati, in modo da favorire un flusso continuo di energia.

- In linea generale, è meglio usare cristalli e pietre naturali, non tagliati dall'uomo (eccetto le pietre burattate), specialmente per quanto riguarda i quarzi ai quali è stata cambiata forma e aggiustata la punta: tuttavia ciascuno, in relazione alla propria sensibilità e al fatto che sente un'attrazione particolare per una pietra tagliata, potrà usarla se lo ritiene opportuno, magari dopo essersi informato sulla natura del taglio e se questo sia stato eseguito rispettando la direzione di crescita naturale del cristallo. Quando si sceglie una punta di quarzo naturale, sappiamo in partenza di avere un valido strumento, che dovrà solo essere calibrato con la sensibilità dell'operatore e con le doti terapeutiche di quest'ultimo; al contrario, scegliendo una punta di quarzo tagliata, non si potrà sapere *a priori* se lo strumento è buono o no: ciò verrà appurato solo con il tempo e con la sperimentazione. A tale proposito, Catherine Bowman si esprime nel modo seguente:

> Marcel Vogel, un famoso professionista del cristallo, scoprì che, tagliato e sfaccettato, il cristallo acquistava una maggiore capacità di immagazzinare informazioni. Questo lo rendeva uno strumento più diretto per svolgere il lavoro di guarigione eterica e di proiezione del pensiero. [...] Nelle fasi iniziali di studio del potere dei cristalli, si raccomanda di non usare il quarzo lavorato per la guarigione o la meditazione. Una volta maggiormente sintonizzati su questi strumenti di luce, si potranno esplorare le energie del quarzo lavorato[91].

Simili riflessioni si applicano alle piramidi, alle sfere e alle uova di quarzo – o di altra pietra – che oggigiorno si trovano facilmente in commercio. Le piramidi emettono un fascio di energia dal vertice, e possono essere impiegate per energizzare gli ambienti e l'acqua: tuttavia, valgono le considerazioni sopra esposte circa la lavorazione di questi oggetti secondo la direzione di crescita naturale del cristallo. Inoltre è consuetudine, quando si opera con le piramidi, riferirsi a strumenti in scala con le misure della Grande Piramide di Cheope: difficilmente le piramidi reperibili nei negozi saranno state ricavate rispettando tali proporzioni; tuttavia, in ragione della perfetta geometria di questo solido e del fatto che esso funge da accumulatore energetico, indipendentemente dalle proporzioni, lo si userà per l'energizzazione degli ambienti e dell'acqua e per il trattamento specifico di un organo (vedi oltre).

[91] Catherine Bowman, *Cristalli di energia. Come conoscere i cristalli ed utilizzare i loro poteri*, s.l., Gruppo Editoriale Futura, 1998, p. 14.

Uova e sfere sono da destinarsi più propriamente alla meditazione, ma possono essere impiegate con successo – specialmente le sfere – per il massaggio sul corpo: si scelga una sfera non troppo piccola (almeno 3-5 centimetri di diametro), di una pietra appropriata in relazione all'effetto terapeutico che vogliamo ottenere, e la si usi per massaggiare, con movimenti rotatori, le zone interessate.

Le gemme tagliate, specialmente quelle a *cabochon*, possono essere usate in terapia con maggior disinvoltura rispetto alle punte di quarzo lavorate: spesso certe gemme (zaffiri, tormaline, topazi e altre pietre preziose) si trovano in commercio solo tagliate. Assicurarsi comunque che tali gemme non siano forate.

- L'uso delle piramidi di vario materiale, internamente cave, per l'energizzazione di pietre e cristalli rappresenta una tecnica interessante, ma sempre legata alla sperimentazione e alla sensibilità del terapeuta: si consiglia dunque, prima di cimentarsi con questi strumenti, di approfondire la conoscenza della piramidologia.
- Attenzione alle pietre colorate artificialmente: esse non sono adatte all'uso terapeutico. Alcune pietre vengono immerse in bagni di colore per rafforzare le tinte naturali: si evitino sempre le pietre trasformate con simili artifici, così come quelle sintetiche, ottenute con procedimenti di laboratorio. Attenzione anche ai quarzi sottoposti a radiazioni per ottenere colori diversi o più intensi: talvolta il quarzo fumé subisce questa sorte. Altro esempio da evitare: il quarzo ametista "cotto", cioè riscaldato per farlo somigliare al quarzo citrino. L'unico uso delle pietre trattate con radiazioni (se siamo certi che lo siano) è quello di terapia a persona che ha subito l'esposizione a radiazioni, sia accidentalmente sia a fini terapeutici (radioterapia).
- Le pietre non devono essere troppo piccole, ad eccezione di quelle da porre sul 6° chakra (la fronte della persona, che rappresenta uno spazio ristretto): ciò per beneficiare, oltre che dell'irradiazione energetica e cromatica, anche del peso che le pietre esercitano sul corpo, stimolando le zone corrispondenti.
- Su ciascun chakra si deve porre almeno una pietra: è buona norma usare, mediamente, almeno 3 pietre diverse su ciascun chakra, ad eccezione del 6° e 7°: per questi può bastare una pietra ciascuno (sul 6° di solito 1-2 pietre, ad esempio una pietra indaco e una pietra viola; per il 7°, una punta di quarzo ametista). Sedute di cristalloterapia più complesse prevedono l'uso di molte pietre (poste anche

nelle zone tra un chakra e l'altro), di varie punte di quarzo e di quarzi biterminati.

- Le punte di quarzo, siano esse di quarzo ialino o di altro tipo, si usano di solito secondo due modalità principali:

1. Con le punte rivolte in entrata verso il corpo della persona, se quest'ultima è stanca, stressata, fiacca, sotto tono, e ha bisogno di essere ricaricata ed energizzata.
2. Con le punte rivolte in uscita rispetto al corpo della persona, se quest'ultima è ipertesa, troppo carica di energia, isterica, eccitata e fa fatica a rilassarsi, in modo da scaricare le energie in eccesso.

Un'altra applicazione dei cristalli di quarzo ialino provvisti di punta: posizionati su un punto specifico del corpo, in corrispondenza di un organo (ad esempio: fegato), con le punte rivolte verso l'esterno del corpo, nella seduta di cristalloterapia essi stimolano il drenaggio delle tossine accumulate nell'organo in questione. A tale scopo, si tocchino più volte i quarzi con il cristallo attivatore, ingiungendo mentalmente a quest'ultimo e ai quarzi stessi di eliminare le tossine e le vibrazioni di malattia accumulate nell'organo. Buoni risultati si ottengono impiegando, al posto delle punte di quarzo, una o più piramidi: la base quadrata di questo solido geometrico aspira le vibrazioni negative dalla zona su cui è poggiata, e il vertice le espelle.

Per quanto riguarda l'uso delle punte di quarzo da collocare sotto i piedi e nel palmo delle mani (fig. 16 e seguenti), le punte sono rivolte in entrata, verso il corpo, rispettivamente nel piede sinistro e nella mano sinistra; in uscita, nel piede destro e nella mano destra. Se la persona è mancina, l'orientamento delle punte deve essere invertito. È consigliabile usare 3 piccoli supporti di materiale naturale (come pezzetti di legno o scatoline di legno rovesciate, o cestini di vimini) per i chakra dei piedi e per il chakra della corona, sui quali collocare le punte di quarzo, così che esse siano rialzate di qualche centimetro rispetto al lettino o al piano su cui la persona è distesa: in tal modo i quarzi vengono a trovarsi in asse con i chakra.

- È preferibile non permettere ad altre persone, oltre al terapeuta, di toccare e maneggiare le pietre da usarsi per cristalloterapia, ad eccezione dei soggetti ai quali si sta per eseguire un trattamento: ciò per evitare che pietre e cristalli possano risentire di vibrazioni estranee. Master Choa sentenzia a questo proposito:

Ogni volta che qualcuno tocca o maneggia un cristallo vi trasferisce qualche caratteristica propria. Parte delle energie e delle caratteristiche della gente comune si trasmettono ai cristalli durante il processo di estrazione e di maneggiamento. Questa si chiama impregnazione psichica. Per esempio, se una persona che possiede un cristallo ha tanta rabbia o tanto pessimismo, questa energia negativa si trasmetterà al cristallo e lo impregnerà. Al contrario, se una persona è positiva, quella qualità positiva, sotto forma di energia, si trasmetterà al cristallo[92].

Qualora un cristallo sia stato toccato da un estraneo, possiamo adottare la seguente tecnica di *purificazione veloce*: concentrandosi mentalmente sull'intenzione di purificare il cristallo, si soffia dal naso su di esso per 6 volte, ruotandolo mentre lo si tiene in verticale tra due dita (si ruota il cristallo per 6 volte, corrispondenti al numero delle facce, mentre si soffia dal naso per 6 volte, il tutto molto velocemente). Si soffia solo dal naso e non dalla bocca, perché la bocca scarica sempre le energie negative del corpo (dunque la pietra potrebbe risentirne), mentre dal naso si riversa un'energia più pura. Naturalmente questo metodo non è valido per purificare un cristallo dopo un trattamento a una persona, o nel caso che il cristallo sia stato esposto a vibrazioni negative di maggiore entità che non quelle rappresentate dal breve contatto con le mani di un estraneo.

- Le pietre e i cristalli personali, che vengono usati per terapie rivolte a se stessi o per la meditazione, non devono essere purificati dopo ogni utilizzo, ma a cadenze regolari: una volta alla settimana, una volta al mese, ad ogni equinozio o solstizio, e simili. L'eccezione a questa regola è rappresentata dalla necessaria purificazione, dopo ogni utilizzo, di pietre impiegate su se stessi in terapie per disturbi di un certo rilievo; oppure, relativamente a quelle pietre che siano state esposte a litigi, ad avvenimenti spiacevoli e simili; o, infine, nel caso esse siano state usate in momenti di tensione, depressione, ansia, dolore. In questi casi, la purificazione sotto sale o argilla per almeno 3 ore si rende necessaria; essa può comunque essere sostituita dalla purificazione con il reiki, con oli essenziali o incensi.
- Per la conservazione di pietre e cristalli, ricorrere sempre a contenitori realizzati in materiale naturale: soprattutto, evitare la plastica e i metalli. Vanno bene ciotole, vassoi, scatole, scrigni di legno, di

[92] Master Choa, op. cit., pp. 16-17.

vimini, di bambù, meglio se non trattati con vernici sintetiche o simili, oppure sacchetti di seta o cotone. Quando non usiamo le pietre e non dobbiamo trasportarle, è meglio tenerle alla luce del giorno, dunque non bisognerebbe rinchiuderle dentro cassetti, sacchetti o scatole: a tale scopo, un mobiletto con sportelli a vetri sarebbe l'ideale, poiché esse possono stare alla luce ed essere viste, ma gli estranei non potranno toccarle. In alternativa, una teca di vetro può andar bene.

- Rifacendosi alla tradizione sciamanica, taluni operatori che utilizzano i cristalli riferiscono di effettuare periodicamente un "rituale di nutrimento" per le proprie pietre, immergendole per alcuni minuti in un bagno di acqua e tabacco non trattato chimicamente, oppure nel succo del tabacco verde (questa pianta sembra infatti essere in risonanza particolare con i cristalli); in alternativa al tabacco, altri preferiscono usare farina di granturco[93]. Una simile procedura verrà forse giudicata bizzarra, ma al di là delle opinioni personali non si può non essere d'accordo sul valore simbolico di questa come di altre pratiche ritualistiche:

> Ovviamente, qui non si tratta semplicemente di offrire un succo o della farina: il rituale è un modo per dire ai cristalli che, nel rapporto che hanno con noi, non devono essere sempre loro a dare. Talvolta ciò che più conta in un rituale è proprio la consapevolezza dell'equilibrio tra il dare e il ricevere. Nutrire i cristalli è forse il modo in cui lo sciamanesimo riconosce che se nulla si dà, nulla si riceve[94].

- Ciascuna pietra è dotata di proprietà specifiche, e apporta nella seduta di cristalloterapia il suo speciale contributo. A prescindere da quelle proprietà, nei trattamenti più semplici è possibile usare talvolta le pietre senza conoscere nel dettaglio le loro indicazioni particolari: in termini generici, ciò che conta è l'abbinamento tra il *colore della pietra* e il *colore del chakra*. Questo non deve comunque indurre a usare pietre e cristalli alla leggera, poiché simili strumenti, se debitamente purificati e attivati, smuovono energie di cui la maggior parte della gente non è consapevole: sia che si operi e si sperimenti su se stessi, sia che lo si faccia sugli altri, è di fondamentale importanza essere sempre pronti ad assumersi la responsabilità delle proprie azioni.

[93] Cfr. Wind - Reed, op. cit., p. 156.
[94] *Ibidem.*

- È di solito consigliabile, specialmente nel caso di una persona che ha forti problematiche da risolvere, cominciare i trattamenti di cristalloterapia con 4 sedute di circa un'ora, una al giorno, l'una di seguito all'altra in 4 giorni consecutivi: ciò per effettuare una massiccia rimozione delle vibrazioni negative presenti nei corpi sottili e per procedere a un primo riequilibrio di questi ultimi. Dopodiché, si può proseguire per 2-4 settimane con 2 sedute settimanali, quindi con una seduta la settimana.

Si ricordi che in cristalloterapia come in altre discipline olistiche, poiché non si mira alla soppressione dei sintomi ma si cerca di risalire alle cause degli stessi sui piani sottili, non è saggio aspettarsi risultati istantanei: in certi casi gli effetti potranno essere rapidi, ma in altri si dovrà aspettare anche molte settimane prima di avere riscontri evidenti. Sebbene l'efficacia delle sedute dipenda in larga misura dalle capacità del terapeuta, gli effetti di qualsiasi trattamento, prima di essere percepibili sul corpo fisico, dovranno essersi stabilizzati sui vari strati dell'aura.

11. Le acque energizzate e gli elisir

Un interessante aspetto della terapia con i cristalli è rappresentato dalla preparazione di acque energizzate ed elisir da assumere per via orale, oppure da applicare localmente, sui chakra o su zone affette da patologie. Azione generalizzata di riequilibrio energetico viene esplicata anche dal bagno in una vasca d'acqua dove si siano poste le pietre per qualche ora.

Il principio che sta alla base di tali tecniche terapeutiche è lo stesso che abbiamo descritto parlando dei campi aurici e delle energie vibrazionali: come per l'omeopatia e per i rimedi floreali di Bach, la componente aurica della sostanza di partenza o del fiore, cioè l'informazione vibrazionale, viene staccata con procedimenti appropriati (diluizione e dinamizzazione nel caso dell'omeopatia; infusione solare o bollitura per i fiori di Bach) e legata al veicolo inerte (acqua, granuli di lattosio, soluzione idroalcolica), diventando così disponibile per l'assorbimento sublinguale o per l'applicazione topica. Un procedimento analogo viene adottato per la preparazione di acque o elisir (soluzioni idroalcoliche) capaci di veicolare le energie di pietre e cristalli. Sebbene in letteratura si riportino modalità leggermente diverse per ottenere gli elisir di cristalli, quale che sia la tecnica impiegata l'azione di tali preparazioni è riassumibile nel modo seguente: «les elixirs de cristaux agissent sur les corps subtils et plus particulièrement sur le corps éthérique. Leur fréquence vibratoire pénètre le système énergétique de l'être humain à travers la porte des chakras pour y soutenir les forces de guérison. Ils détiennent autant de puissance que les pierres elles-mêmes»[95].

I rimedi liquidi così ottenuti rappresentano una valida integrazione delle sedute di cristalloterapia: anzitutto, se ne può consigliare l'assunzione alla persona oggetto di trattamento affinché questa prosegua, a

[95] Tonossi, op. cit., p. 16. [Gli elisir di cristalli agiscono sui corpi sottili e più particolarmente sul corpo eterico. La loro frequenza vibrazionale penetra il sistema energetico dell'essere umano attraverso la porta dei chakra per sostenere le forze di guarigione. Essi possiedono altrettanta potenza delle pietre stesse].

casa per proprio conto, la stimolazione energetica relativa alle problematiche che deve affrontare; in secondo luogo, alcune gocce di tali rimedi (specialmente gli elisir) possono essere applicate localmente sulla pelle, come si fa con i fiori di Bach per promuovere il riequilibrio dei chakra sia prima del posizionamento delle pietre nella seduta, sia dopo, per stabilizzare gli effetti ottenuti con la seduta. Nel caso di patologie dermatologiche o dolori che appaiono in certe zone del corpo, la detersione o l'applicazione di impacchi con rimedi contenenti il messaggio energetico della pietra appropriata recano sollievo e fungono da complemento alle terapie di altro tipo.

Vediamo dunque nel dettaglio come potenziare un veicolo liquido con le energie di pietre e cristalli.

Ci si procuri un recipiente di vetro bianco perfettamente trasparente, come una ciotola, una coppa, una brocca, un bicchiere. La capacità del recipiente deve essere valutata in relazione all'intensità dell'energia con cui la pietra caricherà l'acqua: ciò sta a significare che, se usiamo una pietra piccola in un recipiente grande, dovremo prolungare l'immersione della pietra per diverse ore, in modo che l'acqua assorba il messaggio vibrazionale in maniera sufficientemente intensa. Se, al contrario, usiamo una pietra di dimensioni abbastanza grandi in un recipiente piccolo, contenente poca acqua, oppure se ricorriamo a un certo numero di esemplari della stessa pietra da immergere nello stesso recipiente, l'intensità dell'energia di cui l'acqua si caricherà sarà sufficiente in un intervallo di immersione di circa 3 ore. Proporzioni indicative sono le seguenti:

- Una pietra di 2-3 cm di lunghezza in un normale bicchiere da cucina.
- Alcuni esemplari della stessa pietra (almeno 3), ciascuno di 2-3 cm di lunghezza, in un recipiente che può contenere l'equivalente di 3-4 bicchieri d'acqua.
- Una piramide realizzata con la pietra o il cristallo che ci interessa: poiché la forma piramidale costituisce di per se stessa un accumulatore e un generatore di energia, anche una piramide di dimensioni ridotte riesce a caricare sufficientemente 1 litro di acqua in circa 3 ore.
- Uno o più cristalli di quarzo provvisti di punta, o anche una drusa, riescono a energizzare l'acqua con una certa potenza: si consiglia comunque di non superare la quantità di 1-2 litri di acqua (secondo

la dimensione dei cristalli o della drusa), e di prolungare l'immersione per 1-3 ore.

Il recipiente, sia che si tratti di un bicchiere o di una ciotola, deve essere il più possibile privo di decorazioni, di disegni e di superfici incise o lavorate: si usino dunque recipienti con superfici piane, neutre, poiché "la forma qualifica l'energia" e noi vogliamo che nell'acqua passi solo la vibrazione della pietra, senza ulteriori aggiunte che potrebbero essere determinate da disegni o geometrie presenti sulle superfici del recipiente. Per coloro che possono permetterselo, una ciotola o un recipiente realizzati interamente in quarzo ialino naturale (il famoso "cristallo di rocca") è quanto di meglio si possa impiegare: con un simile strumento si può caricare l'acqua anche senza porvi altre pietre, approfittando solamente dell'energia purificante e dinamica del quarzo. Volendo invece ottenere un rimedio caricato con la vibrazione di una pietra specifica, la ciotola di cristallo di rocca potenzierà la qualità dell'energia che si trasferisce all'acqua.

Le pietre da usare, o la piramide, devono essere state purificate e attivate in precedenza; prima di immergerle, si provveda a lavarle sotto un getto di acqua corrente e, per rimuovere eventuali tracce di polvere o sporcizia, si faccia uso di un sapone neutro avendo cura di risciacquarle a fondo. Oltre alle pietre burattate, si possono usare le gemme tagliate, purché non siano incastonate in anelli o montate su metalli o su altri supporti. Si faccia attenzione naturalmente a non usare pietre colorate con procedimenti artificiali. Non è consigliabile inoltre servirsi delle pietre che si impiegano per le sedute di cristalloterapia: meglio tenere queste ultime separate dalle pietre destinate alla preparazione dei rimedi liquidi e da quelle per uso personale.

Oltre al recipiente, è necessario un coperchio di vetro, oppure un piattino, o una piccola lastra dello stesso materiale, anch'essi privi di incisioni o decorazioni. Il coperchio, il piattino o la lastra servono a impedire che polvere e simili si depositino nell'acqua durante l'intervallo di tempo in cui si prepara il rimedio. Non è necessario che recipiente e coperchio siano sterilizzati, basta che siano stati perfettamente puliti con un detergente per stoviglie e con acqua calda.

Si riempia il contenitore di acqua di sorgente, o di una buona acqua minerale non gassata; quindi si posizionino le pietre, i cristalli o la piramide sul fondo dello stesso, lo si copra e lo si esponga per qualche ora all'aperto, sul davanzale, sul terrazzo o in giardino, sotto i raggi diretti del Sole. Come abbiamo già detto in precedenza per l'attivazione di pietre e cristalli, il momento migliore è rappresentato dalle ore della mattina, in una giornata serena caratterizzata da una buona emanazione solare, e la durata di esposizione dovrebbe essere di almeno 3 ore (un procedimento analogo viene seguito per ottenere i rimedi floreali di Bach mediante solarizzazione). Se si considera che il rimedio deve avere qualità vibrazionali di tipo yin, anziché esporre il recipiente alla luce diretta del Sole lo si esponga alla radiazione della Luna, con le modalità specificate nel paragrafo relativo all'attivazione di pietre e cristalli.

Nel momento in cui ci si accinge a preparare il rimedio e per l'intera durata del procedimento, è opportuno mantenere uno stato d'animo sereno e distaccato, per evitare che forme-pensiero negative vengano captate dall'acqua a cui si stanno trasferendo le energie delle pietre. Si cerchi inoltre di fare attenzione a che nessuna ombra (di un edificio, di un albero, di un animale o di una persona) cada sul recipiente per tutta la durata della solarizzazione. Infine, un altro accorgimento per migliorare la qualità dell'energia che viene trasferita all'acqua consiste nel poggiare il recipiente di vetro su un supporto di legno, sulla terra o sull'erba, piuttosto che sul cemento. Da evitare nel modo più assoluto una eventuale base in metallo o plastica.

Trascorso il tempo, si estraggono le pietre dal recipiente (a questo scopo è opportuno servirsi di un cucchiaio di legno o di altro materiale naturale, oppure delle dita: si evitino metallo e plastica) e si utilizza l'acqua energizzata secondo due modalità:

1. La si beve tutta in giornata, versandola di volta in volta in un bicchiere e trattenendo ogni sorsata in bocca per alcuni secondi in modo da facilitare l'assorbimento sublinguale.
2. Si versa l'acqua in una bottiglia o in un flacone adatto e le si aggiunge 1/3 di brandy o di cognac: ad esempio, se abbiamo preparato 750 cc di acqua energizzata, aggiungeremo 250 cc di brandy in modo da avere circa 1 litro di liquido. Si badi a non riempire del tutto il contenitore: un po' di spazio deve rimanere per far sì che, agitando, il liquido possa rimescolarsi. Si tappa il contenitore (meglio con un tappo di sughero o di vetro) e si eseguono 100 succussioni manuali per stabilizzare il rimedio. Il contenitore (flacone o bottiglia chiusi ermeticamente) viene tenuto con fermezza tra le mani e si procede ad agitarlo ritmicamente, con movimenti regolari, in direzione vertica-

le, mentre si conta fino a 100. Quindi si imbottiglia il liquido in flaconcini di vetro scuro provvisti di tappo ermetico con contagocce (reperibili in farmacia): il flaconcino di vetro scuro, generalmente di colore marrone, è necessario allo scopo di filtrare «la luce estranea (soprattutto quella artificiale) che può assorbire l'energia dell'essenza conservata»[96]. Per effettuare agevolmente l'imbottigliamento, è consigliabile ricorrere a un piccolo imbuto di vetro perfettamente pulito. Tale rimedio si conserva a tempo indeterminato in virtù del brandy, e si assume per via orale lasciando cadere alcune gocce (almeno una decina) sotto la lingua, valendosi del contagocce. Si ripete l'assunzione per 4 volte al giorno, avendo cura di trattenere le gocce in bocca per almeno 30 secondi prima di deglutirle. Si faccia attenzione a non toccare il contagocce con la lingua e le labbra, per evitare di contaminare il rimedio. Inoltre, prima di prelevare le gocce, è buona norma agitare energicamente il flaconcino: «questo movimento mantiene attiva l'energia e impedisce che diventi dormiente quando non viene usata»[97].

Dopo la preparazione del rimedio, le pietre impiegate dovranno essere sciacquate per alcuni minuti sotto un getto di acqua fredda, in modo da rigenerarle parzialmente; si potranno utilizzare le stesse pietre per preparare altre acque energizzate nei giorni seguenti, ma dopo essersi serviti della stessa pietra per un massimo di 7 volte consecutive, sarà bene provvedere alla sua rigenerazione tramite interramento per 1 o 3 giorni.

Per preparare un elisir si opera con modalità simili a quelle appena descritte, ma ci si serve di un veicolo costituito da una soluzione idroalcolica, cioè una miscela di acqua e di brandy o cognac in parti uguali (50% acqua, 50% brandy). Inoltre, non si espone il recipiente al Sole o alla Luna e si prolunga l'immersione delle pietre per 21 giorni. È questo un procedimento analogo a quello con cui si ottengono le tinture madri omeopatiche: grazie al lungo tempo di contatto tra le pietre e il liquido, si fa a meno dell'azione catalizzatrice del Sole o della Luna ma si ottiene ugualmente un rimedio energizzato, adatto a una conservazione di lunga durata per la presenza del brandy.

[96] Ted Andrews, *Manuale pratico del guaritore. Guida alle terapie vibrazionali*, Roma, Edizioni Mediterranee, 1998, p. 173.

[97] *Ibidem*.

Riguardo al recipiente da utilizzare, vale tutto quanto è stato detto in precedenza: tuttavia, sarebbe preferibile che il vetro non fosse bianco, ma marrone, poiché seguendo questa prassi si lascia riposare la soluzione idroalcolica al buio e il vetro marrone assicura una schermatura da fonti di luce indesiderate. Il recipiente contenente i cristalli o le pietre (meglio porre alcuni esemplari, piuttosto che uno solo), riempito di una miscela composta da acqua e brandy o cognac in parti uguali, viene coperto con l'apposito coperchio o piattino, quindi lo si ripone al buio in un luogo fresco e tranquillo, lontano da fonti di inquinamento elettromagnetico (televisori, computer, impianti stereo, telefoni cellulari). Una collocazione ideale può essere l'interno di un mobile; se si preferisce piazzarlo in una cantina, si ricordi comunque che la polvere, la sporcizia, il disordine, gli ammassi di cianfrusaglie e di materiali non in buono stato attirano sempre energie negative. Trascorso un periodo di 21 giorni, si recuperano le pietre, si stabilizza l'elisir con la tecnica delle 100 succussioni e lo si imbottiglia in flaconcini provvisti di contagocce. Al momento dell'assunzione, si prende un bicchiere e vi si versano 1-2 dita di acqua minerale non gassata; quindi si aggiungono 30-50 gocce di elisir e si sorseggia in 3-4 volte, avendo cura di trattenere il liquido in bocca per almeno 30 secondi prima di inghiottirlo. La posologia media, analogamente a quella consigliata per le tinture madri fitoterapiche, è di 90-120 gocce al giorno in 2-3 assunzioni se il ciclo terapeutico è rivolto a disturbi cronici e si prevede un lungo periodo di assunzione (oltre 1 mese); altrimenti, nel caso di disturbi acuti, conviene aumentare la frequenza giornaliera delle assunzioni (5-7 volte al giorno) diminuendo la quantità di gocce per ciascuna assunzione (20 gocce sono sufficienti).

Poiché gli elisir di pietre, a differenza ad esempio di una tintura derivata da una pianta officinale, sono rimedi vibrazionali che contengono informazioni energetiche e non molecole fisiche, non si hanno quei rischi di tossicità imputabili agli alcaloidi o agli altri principi attivi vegetali; la posologia può dunque essere variata e adattata al caso specifico: se lo si ritiene opportuno, è possibile assumere anche un quantitativo di gocce maggiore rispetto a quello indicato. Importante, si ricordi, è il fatto di trattenere per un po' di tempo il liquido in bocca prima di inghiottirlo, in modo da permettere l'assorbimento sublinguale.

Ricorrendo ai rimedi liquidi sopra descritti, in abbinamento con regolari sedute di cristalloterapia, si potranno ottenere giovamenti nel caso di disturbi acuti in tempi brevi; nel caso di disturbi cronici, è chiaro che si dovranno ripetere cicli terapeutici successivi, ciascuno di almeno 2-3 mesi, intervallando ciascun ciclo con una pausa di 15-20 giorni.

Un'ultima modalità di utilizzo delle pietre tramite l'acqua è rappresentata dal bagno in una normale vasca. Poniamo i cristalli sul fondo della vasca, apriamo il rubinetto e ricopriamoli completamente con alcuni centimetri di acqua; lasciamo riposare per almeno un'ora, quindi togliamo i cristalli, aggiungiamo acqua calda e rilassiamoci per 10 minuti prima di adoperare bagnoschiuma o saponi. Il bagno esplica azione generalizzata su tutta l'aura e contribuisce a rafforzare la terapia con le acque energizzate, con gli elisir o con le sedute di cristalloterapia.

Quando si consigliano elisir o acque energizzate, così come quando si effettuano sedute di cristalloterapia, è bene informare le persone oggetto di trattamento della possibilità che si manifesti il cosiddetto "aggravamento terapeutico". Similmente a quanto avviene talvolta nell'ambito di altre terapie vibrazionali, quali l'omeopatia e la floriterapia, nei giorni successivi all'inizio della cura certi soggetti possono risentire di una riacutizzazione dei sintomi e delle problematiche di cui soffrono: tale apparente aggravamento non deve spaventare, ma anzi va interpretato come un segnale positivo della reazione dell'organismo alla terapia. Esso indica che sul piano sottile, a cui fa riscontro sul piano fisico o mentale la malattia o lo stato emotivo problematico, si stanno muovendo le vibrazioni alterate ed è in corso sia un drenaggio delle tossine accumulate sia una stimolazione delle capacità di autoguarigione: è come se l'organismo fosse spinto ad accelerare la patologia di cui soffre in modo da liberarsene completamente.

Di solito simili aggravamenti non hanno lunga durata: possono protrarsi per qualche giorno, e sarà quindi opportuno decidere caso per caso se intervenire con qualche modalità terapeutica o se, più comunemente, attendere che la riacutizzazione del disturbo scompaia da sola, valutando al termine le condizioni della persona. In ogni modo, durante l'eventualità dell'aggravamento terapeutico, si dovrà più che altro cercare di tranquillizzare la persona, suggerendole di dedicare maggior tempo al riposo e spronandola a mantenere uno stato d'animo sereno che non ostacoli il processo in corso.

N.B.: si consiglia vivamente di non preparare acque energizzate ed elisir di azzurrite e realgar, poiché questi minerali – specialmente il realgar – possono risultare tossici per uso interno.

12. Centratura del terapeuta

La centratura è un atto imprescindibile, da effettuarsi prima di ogni seduta terapeutica con pietre e cristalli. Grazie ad essa, il terapeuta entra in contatto con le proprie energie di guarigione e si pone in uno stato mentale adeguato alla delicata operazione che sta per intraprendere. Durante la centratura vengono contattate le energie delle pietre, e viene inoltre creata una schermatura, una barriera di protezione per il terapeuta, che eviterà così di risentire dell'esposizione alle vibrazioni negative emesse dalla persona da trattare.

Nell'intervallo di tempo che il terapeuta impiega per centrarsi, la persona da trattare sta distesa sul lettino ed esegue a sua volta un rilassamento.

Procedimento

1. Sedetevi comodamente con la schiena eretta e le spalle rivolte a Nord, tenendo tra le mani il cristallo attivatore ed eventualmente una pietra o un cristallo personale che ha per voi un significato particolare.

2. Eseguite un rilassamento delle varie parti del corpo: testa, collo, spalle, mascelle, schiena, addome, braccia, gambe. Cercate di sentire la colonna vertebrale che vi sostiene e che affonda nella Terra. Liberate la mente dai pensieri.

3. Portate le mani con il cristallo attivatore all'altezza del cuore. Pensate alla Terra e immaginate di scendere in profondità fino al centro di essa; visualizzate delle corde dorate che vi tengono ancorati al centro della Terra, sentite l'energia della Terra che si riversa dentro di voi, che sale attraverso il 1° chakra e vi riempie. Lanciate un'espirazione verso il centro della Terra.

4. Pensate al Cielo e ripetete lo stesso tipo di richiesta di energia: visua-

lizzate una luce dorata che dal Cielo si riversa su di voi, fino a formare un cono che scende, vi circonda e vi protegge. Lanciate un'espirazione verso il Cielo e visualizzate l'energia del Cielo che entra dentro di voi dal 7° chakra per fondersi nel 4° chakra, il chakra del cuore, con l'energia della Terra.

5. Mantenendo lo stato di pace, amore e sensibilità così raggiunto, tornate alla realtà e date inizio alla seduta di cristalloterapia.

Una volta che avrete preso confidenza con questa procedura, potrete eseguirla in pochi minuti. Poiché la fase di centratura rappresenta anche un momento di preghiera, si riporta di seguito un esempio di invocazione adatta a richiamare le energie di guarigione: tale invocazione potrà essere recitata più propriamente al termine della fase di centratura, prima di cominciare la seduta di cristalloterapia.

Invoco le Potenze più alte della Luce e dei Cristalli affinché agiscano
su ... *(nome della persona)* attraverso il mio canale.
Invoco le Entità della Guarigione, invoco i Maestri e le Guide
Spirituali, sia miei che di ... *(nome della persona)*, affinché siano
presenti tra di noi e ci assistano nella terapia.
Invoco l'essenza più autentica di ... *(nome della persona)* affinché si
manifesti e trasmetta al cuore e alla mente di quest'ultimo
ciò di cui egli ha bisogno per giungere alla comprensione,
alla chiarezza e alla guarigione.

Se ci troviamo in una situazione nella quale abbiamo poco tempo a disposizione per eseguire la centratura secondo il sistema sopra descritto, si ricorre a una centratura veloce chiedendo l'aiuto della sola energia della Terra (pietre e cristalli sono creature della Terra). Si visualizza l'energia che sale dentro di noi attraverso il 1° chakra, riempiendoci di pace e amore fino al 4° chakra, dopodiché si può procedere con la seduta.

13. La seduta di cristalloterapia

La stanza dove si eseguono i trattamenti

È importante anzitutto migliorare la qualità energetica della stanza in cui si tengono i trattamenti di cristalloterapia. La stanza deve avere una temperatura equilibrata (né troppo calda, né troppo fredda): aprire le finestre prima di ogni seduta in modo da cambiare l'aria ed evitare un'atmosfera che sa di chiuso. Tenere la stanza pulita e ordinata, poiché l'energia psichica negativa tende a raccogliersi intorno al disordine e alla confusione.

Fumigare periodicamente la stanza bruciando foglie essiccate di salvia (meglio dopo ogni trattamento) per effettuare una purificazione dell'ambiente. Al posto della salvia, si può ricorrere a incensi e oli essenziali (raccomandati: incenso al legno di sandalo e olio essenziale di lavanda).

Si appendano alle pareti quadri o poster che trasmettono sensazioni di pace, quiete, rilassamento, oltre a immagini di maestri spirituali particolarmente cari e a ogni altra immagine sacra che si ritenga opportuna. Si adotti una fonte di illuminazione soffusa, in modo che la stanza sia in leggera penombra, e si preferiscano le lampade a incandescenza alle lampade al neon o simili, poiché queste ultime creano un tipo di luce innaturale.

Fiori freschi (da cambiare regolarmente non appena cominciano ad appassire) e piante in buona salute contribuiscono ad aumentare le vibrazioni positive. Non esporre fiori secchi, che emettono vibrazioni yin di morte, né bonsai, che rappresentano la crescita forzata e la costrizione. Per la sistemazione ottimale della stanza da terapia, si consulti anche un buon manuale di *feng shui*.

Coloro che hanno il 2° livello di reiki, prima di ogni seduta terapeutica possono tracciare il Primo Simbolo, visualizzandolo come una luce dorata, su ciascuna parete delle stanza, sul pavimento e sul soffitto, ripetendo per tre volte, subito dopo averlo tracciato, il nome del Simbolo e concludendo con la frase "Benedico questa stanza con il potere della Luce". Un antico simbolo di guarigione di origine tibetana, l'*Antahkarana*[98], può essere posto sotto il lettino, o sotto il cuscino su cui la persona da trattare poggerà la testa: si consiglia di disegnarlo manualmente su un pezzo di carta, usando un inchiostro di colore verde o viola, quindi riporre il pezzo di carta dentro una bustina o un sacchettino di cotone o di altro tessuto naturale (in modo che il simbolo non possa essere visto da nessuno), e collocarlo come detto.

Materiale necessario

- Un pendolino di materiale naturale, a punta e simmetrico rispetto all'asse centrale.
- Le pietre e i cristalli del proprio corredo.
- Il cristallo attivatore.
- Oli essenziali e/o incensi da bruciare.
- Una candela di colore bianco, verde o viola (bianco, come colore della pace e della serenità; verde, come colore della guarigione che viene dal cuore; viola, come colore della purificazione e della spiritualità).
- Un recipiente di vetro sufficientemente grande, sul cui fondo sia stato posto uno strato di sale grosso: in tale recipiente si convoglieranno le energie negative della persona, e si userà lo stesso per riporre le pietre a conclusione della seduta.
- Musica dolce, da rilassamento, in sottofondo.

Procedimento

La persona da trattare deve essere distesa a ventre verso l'alto, in stato di rilassamento, con i piedi a Sud e la testa a Nord (allineamento con l'asse magnetico terrestre). Le gambe siano leggermente divaricate, e lo stesso le braccia; non è necessario porre le pietre sulla pelle, quindi si può stare vestiti: si consigliano comunque abiti in tessuti naturali leggeri e comodi, che non stringono, come una tuta o un pigiama di cotone,

[98] Per l'immagine e la descrizione di questo simbolo si veda: Diane Stein, *Il libro del Reiki. I principi teorici e le applicazioni pratiche dell'antico metodo di guarigione orientale*, Milano, Pan-Armenia, 1997, pp. 192-193.

o camicia e pantaloni, poiché i maglioni di lana e gli indumenti troppo pesanti possono diminuire la sensibilità al peso delle pietre e ostacolare le energie. È bene evitare gli abiti in materiali sintetici e quelli con cerniere lampo, specialmente se queste si trovano sull'asse centrale del torace o in altre aree in cui andranno posizionate le pietre. Slate riconosce l'importanza di servirsi di fibre naturali:

> Le nostre ricerche hanno scoperto che gli effetti dell'abbigliamento sull'aura possono essere sia positivi che negativi, secondo la natura del tessuto e la nostra interazione con esso. Anche se i livelli di sensibilità alla fibra variano da persona a persona (e da aura ad aura), le fibre naturali, cioè cotone, seta, lana e lino, e le loro combinazioni, tendono a stimolare e ad aggiungere luminosità all'aura, mentre le fibre sintetiche e le loro combinazioni tendono a restringerla e a turbarla[99].

Durante la seduta, per effetto del rilassamento, la persona potrebbe sentire freddo: si tenga a portata di mano una coperta e, se ciò è indispensabile, la si usi. Meglio sarebbe comunque coprire il soggetto prima di posizionare le pietre, per evitare di nascondere queste ultime alla vista dell'operatore che lavorerà concentrandosi su di esse. La persona inoltre deve essersi tolta tutti i metalli, come anelli, bracciali, collane, cintura e orologio.

Prima di cominciare, il terapeuta chiede alla persona se soffre di disturbi particolari, eventualmente relativi a zone specifiche del corpo: questo allo scopo di porre alcune pietre adatte su quelle zone (anche al di fuori dei chakra) e per concentrarsi su quei punti durante la seduta. Inoltre, invita la persona a informarlo qualora, durante la seduta, si verificassero sensazioni sgradevoli, sia emotive che di altro tipo, magari legate alle zone su cui sono collocate le pietre.

Il terapeuta non deve mai allontanarsi dalla persona per tutta la durata della seduta, non deve essere disturbato dal telefono o da altro. La seduta ha durata variabile, comunque non oltre 60 minuti.

Dopo aver effettuato la centratura in modo da entrare in contatto con le proprie energie di guarigione, il terapeuta prende il pendolino e controlla i chakra della persona. Partendo dal 1° chakra e arrivando fino al 7°, il terapeuta ha modo di verificare quali chakra hanno un movimento disarmonico. Un chakra attivo e armonico risponde al pen-

[99] Slate, op. cit., p. 153.

dolino con un movimento rotatorio in senso orario: più ampio è il cerchio, maggiore è la quantità di energia che passa nel chakra (vedi la tabella *Lettura dei chakra per mezzo del pendolino*). Questa verifica serve a rendersi conto di quali chakra sono squilibrati e quindi di quante e quali pietre usare sugli stessi, nonché della necessità di concentrarsi mentalmente su quei chakra durante la seduta, una volta poste le pietre, in modo da inviare energia di guarigione nei punti che ne hanno maggiormente bisogno.

Come abbiamo già affermato, la comune prassi di trattare solo i chakra anteriori non rappresenta una scelta sensata per coloro che desiderano occuparsi di una persona nella sua totalità: è quindi opportuno testare anche i 5 chakra posteriori, e se questi hanno un movimento disarmonico si dovranno effettuare trattamenti di riequilibrio ponendo le pietre sul retro del corpo. A tale scopo si potranno alternare sedute dedicate ai chakra anteriori con sedute rivolte ai chakra posteriori, oppure si sceglierà di dividere la seduta in due momenti terapeutici, il primo relativo ai vortici anteriori, il secondo finalizzato ai vortici posti sul retro del corpo. Una volta rimosse le pietre utilizzate sul davanti, la persona dovrà girarsi e il terapeuta provvederà a collocare le stesse pietre o una serie di nuovi esemplari lungo la linea della colonna vertebrale e sui vortici del retro del collo e del retro della testa.

Concluso l'esame dei chakra, il terapeuta ripone il pendolino e prende il cristallo attivatore: partendo dal 1° chakra, esegue su ciascun centro energetico 7 rotazioni veloci, in senso orario, mentre effettua una espirazione. Ogni chakra viene interessato da 7 rotazioni del cristallo attivatore e, nel tempo che si impiega a trattare con questa tecnica ciascun vortice energetico, si effettua una espirazione, avendo cura di espellere l'aria dal naso piuttosto che dalla bocca. Ciò serve a riequilibrare momentaneamente i chakra e a renderli ricettivi all'energia delle pietre.

Quindi il terapeuta dispone le pietre, precedentemente purificate e attivate, partendo dal 1° chakra (2 pietre dello stesso tipo sugli inguini) fino ad arrivare al 7° (sommità della testa: la pietra viene posta su un piccolo supporto di materiale naturale, vicino ai capelli). Durante questa fase di posizionamento delle pietre, il terapeuta può invitare la persona a visualizzare una luce bianca che si riversa nel suo corpo via via che ogni pietra viene collocata, e un fumo grigio che esce dal naso e dalla bocca ad ogni espirazione. Questo fumo rappresenta l'eliminazione delle tossine sia fisiche che psichiche: disturbi, malattie, ansie, preoccupazioni, dispiaceri, stress, stanchezza.

Nel posizionamento delle pietre, nessun chakra deve essere trascurato: nelle sedute di cristalloterapia più avanzate si pongono parecchie pietre sui chakra e sulle zone del corpo situate tra un chakra e l'altro (come ad esempio i quarzi biterminati), ma ogni chakra deve avere almeno una pietra: ciò per non creare squilibri energetici.

Il terapeuta prende il cristallo attivatore e, partendo dal 1° chakra, tocca delicatamente una volta ciascuna pietra con la punta del cristallo, mentre effettua una espirazione. Il contatto del cristallo con la pietra, unito all'espirazione, serve ad attivarla: dal 1° fino 7° chakra, tutte le pietre, una dopo l'altra, devono essere toccate. Qualora si tratti di una seduta che prevede l'impiego di molte pietre, l'attivazione di ciascuna può essere eseguita in una maniera più rapida, evitando nel contempo di disturbare il rilassamento della persona con i colpetti dell'attivatore: ci si concentri su un chakra alla volta e sulle pietre che vi sono collocate, visualizzando un raggio dorato che uscendo dal terzo occhio attraversa l'attivatore sospeso sul chakra, e dalla punta di questo si diffonde su ogni pietra, mentre si effettua l'espirazione e si ripete mentalmente che "tutte le pietre su quel chakra vengono attivate". È anche possibile riunire in un'unica procedura i due momenti, rispettivamente del riequilibrio temporaneo dei chakra mediante le 7 rotazioni dell'attivatore e dell'attivazione delle pietre; a tale scopo, dopo l'esame dei centri energetici per mezzo del pendolino, collochiamo tutte le pietre che riteniamo appropriate e con il cristallo attivatore eseguiamo le 7 rotazioni veloci su ciascun chakra, visualizzando il raggio dorato che investe i cristalli e ripetendo mentalmente l'affermazione di attivazione.

Se durante la seduta una pietra rotola via dalla propria collocazione, essa verrà recuperata e rimessa al posto che le era stato assegnato; tuttavia, se dopo alcuni tentativi di ricollocarla essa continua a scivolare, sarà preferibile lasciarla stare laddove è rotolata, fino al termine della seduta, riflettendo su cosa potrebbe significare il fenomeno: gli abiti e la respirazione della persona sono di ostacolo al posizionamento della pietra su quella parte del corpo, oppure la pietra non è appropriata al caso che stiamo trattando, o non è stata collocata nel punto giusto in funzione dell'effetto terapeutico che vogliamo ottenere.

Il cristallo attivatore viene riposto in prossimità del lettino, il terapeuta si siede accanto alla persona e, con le mani aperte e distese, procede all'accarezzamento dell'aura, cercando di diffondere le energie delle pietre, mentre mentalmente si concentra sulla guarigione del soggetto: può pregare, invocare le guide spirituali, attivare il reiki, o effettuare qualunque tecnica atta a coadiuvare le energie dei cristalli. In particolare, coloro che operano con il reiki o con tecniche energetiche similari sono avvantaggiati nell'uso di pietre e cristalli, poiché la cristalloterapia si sposa bene con queste discipline.

Durante l'accarezzamento dell'aura (o durante l'imposizione delle mani per il reiki o la pranoterapia), il terapeuta deve cercare di percepire le zone del campo energetico che presentano alterazioni: le alterazioni possono essere segnalate da formicolii, sensazioni di prurito o impressioni di caldo e freddo. Riguardo alle sensazioni di caldo e freddo, è generalmente accettata la seguente convenzione:

• *caldo* → presenza di uno squilibrio energetico *acuto*, che potrà essere sanato in tempi relativamente brevi;
• *freddo* → presenza di uno squilibrio energetico *cronico*, cioè di vecchia data, che richiederà molte sedute e probabilmente l'uso di terapie integrative (fiori di Bach sia sulla pelle che per bocca, acque energizzate, fitoterapia, o qualunque altra disciplina che il terapeuta conosca).

Oltre all'accarezzamento dell'aura o alla trasmissione del reiki, il terapeuta fa uso del cristallo attivatore, reggendo quest'ultimo in una mano[100] e ponendolo a qualche centimetro di distanza dai chakra o dagli altri punti del corpo in cui percepisce alterazioni. Per qualche minuto, egli ingiungerà mentalmente al cristallo di irradiare vibrazioni di guarigione e visualizzerà un fascio di energia luminosa che attraverso il cristallo viene indirizzata al punto in oggetto. Inoltre, pensieri di guarigione o comandi relativi alla rimozione delle vibrazioni negative possono essere impartiti al cristallo attivatore in questa fase, sempre facendo attenzione a non usare frasi contenenti negazioni.

Se la persona si lamenta di sensazioni sgradevoli, di un senso di oppressione o simili in una zona del corpo dove sono poste le pietre, le si chieda se tali sensazioni sono deboli, sopportabili, o veramente fastidiose: in quest'ultimo caso, si rimuovano solo le pietre in oggetto sostituendole con un'ambra, una malachite o una turchese (indipendentemente dalla zona o dal chakra), e si prosegua con la seduta, ricordandosi di studiare la zona o il chakra dove si è prodotta la sensazione di fastidio e di discuterne con la persona al termine della seduta. Si può anche

[100] Generalmente la mano destra se non si è mancini; nel caso di un pranoterapeuta, la mano con cui tenere il cristallo è la mano *radiante*.

usare il cristallo attivatore per eseguire 21 rotazioni veloci in senso antiorario sulla zona o sul chakra, ingiungendo mentalmente al cristallo di rimuovere tutte le energie negative presenti in quella zona. Le zone dove si producono sensazioni di fastidio possono essere tutte trattate con il cristallo attivatore, eseguendo varie volte le 21 rotazioni in senso antiorario. Quando si usa l'attivatore su un chakra in senso antiorario, si toglie energia al chakra e si stimola l'eliminazione delle vibrazioni negative; quando lo si usa in senso orario, si dà la carica al chakra e lo si energizza. Prima del termine della seduta, se la zona di fastidio è stata trattata con il cristallo attivatore in senso antiorario e se tale zona corrisponde a un chakra, sarà opportuno eseguire le 21 rotazioni veloci in senso orario, così da rimettere in equilibrio il chakra secondo il suo moto regolare.

Un'altra tecnica per aumentare l'energia e per diffonderla meglio consiste nell'impiegare il cristallo attivatore in modo da collegare ripetutamente tutte le pietre utilizzate sulla persona, eseguendo varie rotazioni in senso orario su ciascuna pietra e spostando il cristallo sulle pietre vicine come per unirle con un flusso continuo. Inoltre, si usa ripetutamente l'attivatore in senso verticale lungo la linea mediana del corpo sulla quale si trovano i chakra, allo scopo di favorire il flusso di energia: se la persona ha bisogno di essere maggiormente radicata, si parte dal 7° chakra e si fa scorrere il cristallo verso l'inguine, per un certo numero di volte; se la persona deve essere energizzata su piani più sottili e se vogliamo potenziare le sue facoltà mentali, eseguiremo lo stesso movimento ma partendo dal 1° chakra per arrivare al 7°.

Poiché, come abbiamo già affermato, il pensiero è esso stesso una forma di energia che si presta ad essere immagazzinata, amplificata e trasmessa attraverso l'uso consapevole dei cristalli, qualsiasi pensiero di guarigione o qualsiasi intenzione mirata al risanamento delle vibrazioni sfasate rappresenta una possibilità in più per il conseguimento del risultato terapeutico.

È possibile usare il cristallo attivatore come tramite tra il pensiero e ciascuna pietra collocata sul corpo: tenendolo sospeso a pochi centimetri di distanza dalla pietra, ci concentreremo sulle proprietà terapeutiche di quest'ultima e visualizzeremo pensieri di guarigione che, uscendo dal nostro terzo occhio, passano nell'attivatore sotto forma di energia e si riversano nella pietra. Così facendo, si comanderà alla pietra di esplicare al meglio le sue proprietà, di collaborare al buon esito della seduta e di eseguire il compito che le è stato affidato.

Se abbiamo collocato quarzi provvisti di punta intorno al corpo, o ai lati delle gambe, del torace e del collo, possiamo accarezzare l'aura con movimenti decisi seguendo la direzione delle punte dei quarzi, visualizzando nel contempo un flusso di energia che viene indirizzato e amplificato dai cristalli. L'orientamento delle punte dei quarzi sarà generalmente verso la testa riguardo al lato destro del corpo (energie in entrata), e verso i piedi riguardo al lato sinistro (energie in uscita); se il soggetto è mancino, le direzioni si invertono. Per effettuare l'accarezzamento, utilizzeremo le mani o il cristallo attivatore, o tutti e due, in alternanza. Anche Brennan afferma che «spingere, tirare e arrestare sono le tre modalità di base nella manipolazione dell'energia a scopo terapeutico"[101].

Il cristallo attivatore, se impiegato allo scopo di amplificare la volontà di un operatore esperto e sensibile, diventa lo strumento capace di determinare la maggiore o minore efficacia della seduta. Non si tema di sperimentare usi diversi dell'attivatore rispetto a quelli descritti, tenendo sempre a mente la regola di agire con consapevolezza e ricordando che le energie, anche se non le vediamo, ci sono comunque: saremo noi, con la nostra abilità, a manipolarle per apportare benefici alla persona oggetto di trattamento.

Quando il tempo da dedicare alla seduta è trascorso, il terapeuta comincia a togliere le pietre in senso inverso, vale a dire partendo dalla testa, 7° chakra, per arrivare fino al 1° chakra. Le pietre vengono riposte in un recipiente di vetro sul cui fondo è stato messo uno strato di sale, in quanto dovranno essere purificate.

A conferma del fatto che le pietre abbiano riequilibrato i chakra sfasati, si effettua una verifica con il pendolino solo sui chakra in oggetto. Se qualche chakra non ha ancora acquisito il moto regolare in senso orario, si procede all'applicazione, direttamente sulla pelle nel punto corrispondente, di 4-5 gocce del fiore di Bach appropriato, tenendo comunque presente che quel chakra, essendo particolarmente squilibrato, richiederà di essere trattato nelle sedute successive con un maggior numero di pietre, o con pietre più specifiche, e anche con maggior impegno da parte del terapeuta.

Al termine della seduta, il terapeuta esegue per tre volte l'accarezzamento dell'aura della persona esprimendo mentalmente la volontà di

[101] Brennan, *Mani di luce*, op. cit., p. 48.

sigillare in essa le vibrazioni di guarigione; quindi ringrazia le guide spirituali e le entità che ha invocato nella fase di centratura, si stacca dalla persona e rivolge l'attenzione su se stesso per riprendere contatto con la realtà. Il terapeuta visualizza un fascio di luce bianca che, entrando dentro di lui dal 7° chakra, ripulisce l'organismo da eventuali vibrazioni negative che potrebbero essere state assorbite, oppure si china e tocca il pavimento con le mani esprimendo l'intenzione di scaricare a terra ogni energia estranea. Avvicinandosi nuovamente alla persona, il terapeuta la riporta con delicatezza allo stato di coscienza, e se questa stenta a uscire dal rilassamento le pratica un massaggio ai piedi per favorire il processo. Infine, entrambi bevono un bicchiere di acqua fresca e discutono le sensazioni e le immagini avute, in modo da dare una valutazione degli effetti prodotti dalla seduta.

14. Esempi di trattamento

Trattamento con i soli quarzi ialini (fig. 16)

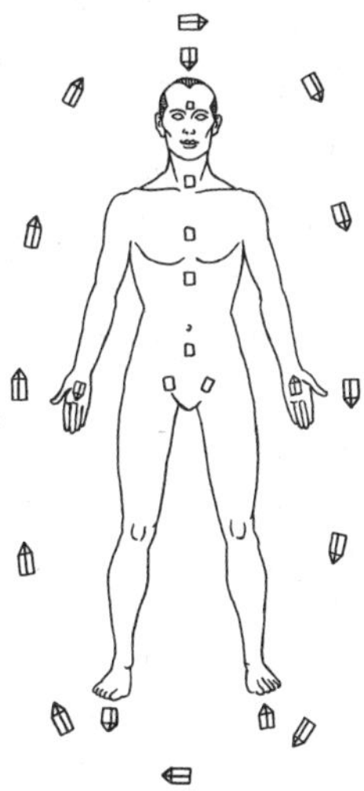

Fig. 16 – *Trattamento con i soli quarzi ialini*

Il trattamento con i soli quarzi ialini è indicato quando si voglia energizzare e ricaricare un soggetto stanco, debilitato, astenico, convalescente o comunque carente di forza e di vitalità; è inoltre indicato per ripulire l'aura prima di effettuare trattamenti specifici con le pietre adatte al caso, o quando la persona è notevolmente intossicata a vari livelli. Quattro sedute consecutive con i soli quarzi ialini (una al giorno in quattro giorni consecutivi) effettuano un drenaggio delle tossine presenti nell'aura e permettono di ottenere una maggiore ricettività del soggetto alle sedute successive, da effettuarsi con pietre colorate adatte al caso specifico.

Una seduta semplice con i quarzi ialini, senza il circolo di 12 punte intorno al corpo, può essere eseguita in qualunque momento anche su se stessi, allo scopo di ricaricarsi e di stimolare il riequilibrio dei chakra. In questo esempio viene impiegato un solo burattato per ciascun chakra, ma naturalmente se aumentiamo il numero dei quarzi aumenta anche la carica che si imprime a ciascun vortice energetico. Al posto dei burattati, è possibile utilizzare punte di quarzo: l'orientamento di queste ultime (verso la testa o verso i piedi) dipenderà dal fatto che si vogliano calmare i piani alti della persona convogliando le energie verso la terra e favorendo il radicamento (punte rivolte verso i piedi), oppure stimolarla e darle una carica di tipo mentale energizzando i livelli superiori rispetto a quello fisico (punte rivolte verso la testa). I cristalli dotati di punta indirizzano il fascio di energia nella direzione della punta, e dunque esplicano un'azione più dinamica rispetto ai burattati, che invece diffondono l'energia tutt'intorno in maniera uniforme.

Poiché una seduta con quarzi ialini esplica sempre un effetto deciso, di tipo yang, essa può non essere indicata nel caso di un soggetto sovraeccitato, ipercinetico, magari afflitto da forme di insonnia (ad esempio un soggetto caratterizzato dalle tipologie di alcuni fiori di Bach come *Impatiens*, *Vervain*, *White Chestnut*): tale soggetto beneficerà invece di un trattamento basato su una delle pietre più propriamente calmanti, quali la pietra di Luna, la calcite bianca, la calcite "spato d'Islanda", la fluorite, il quarzo ametista.

Piede destro: una punta di quarzo ialino rivolta verso l'esterno.

Piede sinistro: una punta di quarzo ialino rivolta verso l'interno (se la persona è mancina, invertire la direzione dei cristalli).

Mano destra: come il piede destro.

Mano sinistra: come il piede sinistro.

1° chakra: due quarzi ialini burattati, uno su ciascun inguine.

2°, 3°, 4°, 5° chakra: un quarzo ialino burattato di medie dimensioni.

6° chakra: un piccolo quarzo ialino burattato.

7° chakra: una punta di quarzo ialino rivolta verso l'interno.

Intorno al corpo: creare un circolo con 12 punte di quarzo ialino, orientate in senso orario. Dopo aver attivato i quarzi dei piedi, delle mani, i burattati posti sul corpo e il cristallo rivolto verso la testa, eseguire 12 rotazioni veloci con il cristallo attivatore, mentre si effettua una espirazione, su ciascuna delle 12 punte collocate intorno al corpo, partendo da quella posizionata sotto i piedi e proseguendo in senso orario sulle successive. Al termine delle 12 rotazioni su ciascun cristallo, nel passare al successivo tracciare una linea di collegamento tra un cristallo e l'altro, concentrandosi mentalmente sulla creazione di un bozzolo energetico che avvolgerà l'aura della persona. Quindi sedersi accanto alla persona e proseguire secondo le modalità consuete alla seduta di cristalloterapia. Se non si hanno a disposizione le 12 punte di quarzo per creare il bozzolo energetico, ci si può servire di 12 quarzi ialini burattati, attivandoli e collegandoli nella stessa maniera.

Trattamento standard (fig. 17)

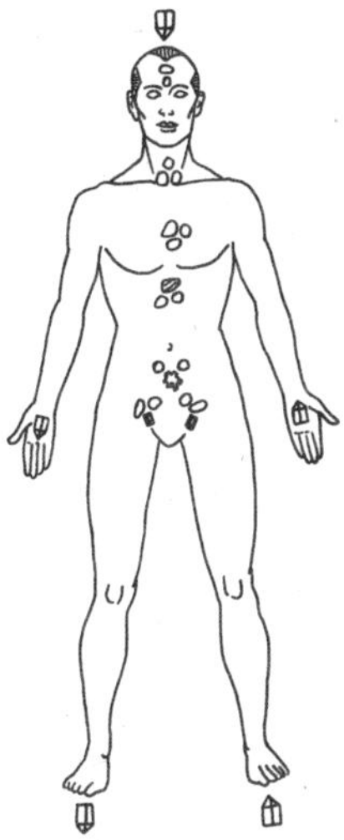

Fig. 17 – *Trattamento standard*

Il trattamento standard è rivolto a un soggetto che, pur non soffrendo di disturbi specifici, abbisogna comunque di un riequilibrio generale dei chakra. Si utilizzano le pietre del corredo di base, tre per ciascun chakra. In particolare, tale tipo di trattamento è indicato nei casi seguenti:

a) come prevenzione all'insorgere di disturbi di vario tipo, collegati a squilibri dei chakra;
b) per favorire il rilassamento, la distensione mentale e la circolazione energetica;
c) per intervenire contro sintomi generici, o di lieve entità, riconducibili a sfasature di uno o più dei 7 vortici energetici.

È ovvio che nel caso di patologie di una certa entità si dovrà potenziare il trattamento di cristalloterapia, ricorrendo alle pietre appropriate al caso in oggetto e valendosi sia di una disposizione più complessa dei cristalli, sia di una maggior quantità degli stessi.

Piede destro: una punta di quarzo fumé rivolta verso l'esterno.
Piede sinistro: una punta di quarzo fumé rivolta verso l'interno.
Mano destra: una punta di quarzo ialino rivolta verso l'esterno.
Mano sinistra: una punta di quarzo ialino rivolta verso l'interno.
1° chakra: diaspro rosso, ematite, tormalina nera (due esemplari di ciascuna pietra, da porre sugli inguini).
2° chakra: aragonite arancione, corniola arancione, diaspro arancione (anche il diaspro rosso può andare bene).
3° chakra: occhio di tigre, quarzo citrino, quarzo rutilato.
4° chakra: avventurina verde, quarzo rosa, rodonite.
5° chakra: acquamarina, lapislazzuli, sodalite.
6° chakra: occhio di falco; eventualmente, un'altra pietra di colore indaco, oppure una pietra di colore viola.
7° chakra: una punta di quarzo ametista; oppure, se si pone una pietra viola sul 6° chakra (oltre naturalmente alla pietra indaco, come l'occhio di falco), una punta di quarzo ialino.

Trattamento articolato con quarzi biterminati (fig. 18)

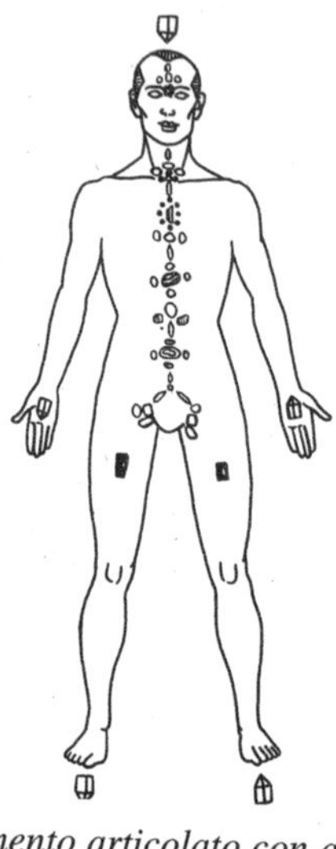

Fig. 18 – *Trattamento articolato con quarzi biterminati*

Con questo tipo di trattamento entriamo nell'ambito di una cristalloterapia più mirata e impegnativa, atta a veicolare energie di risanamento su un soggetto che presenta problemi di una certa entità. La disposizione e la scelta delle pietre, nella descrizione che segue, è solo un esempio di come possiamo utilizzare le vibrazioni del regno minerale e le nostre personali doti di guarigione: resta inteso che tale tipo di trattamento non può essere eseguito su chiunque, in qualsiasi circostanza, ma dovrà essere personalizzato in relazione ai disturbi da trattare, ai dati ricavati dalla lettura dei chakra con il pendolino e alla conoscenza delle sfumature terapeutiche di ciascuna pietra.

Piede destro: una punta di quarzo fumé rivolta verso l'esterno.

Piede sinistro: una punta di quarzo fumé rivolta verso l'interno.

Coscia destra e coscia sinistra: una tormalina nera disposta in verticale.

Mano destra: una punta di quarzo ialino rivolta verso l'esterno.

Mano sinistra: una punta di quarzo ialino rivolta verso l'interno.

1° chakra: su ciascun inguine: un'ematite, un granato e un diaspro rosso; sulla zona corrispondente all'attaccatura dei peli pubici: un rubino o una radice di rubino. Le energie delle pietre poste sugli inguini vengono collegate al rubino mediante due piccoli quarzi ialini biterminati; un ulteriore quarzo ialino biterminato, di dimensioni maggiori, collega il rubino alle pietre del 2° chakra.

2° chakra: 2 diaspri arancioni e 2 corniole arancioni, l'uno alternato all'altra, circondano una fetta di agata arancione. Un quarzo ialino biterminato provvede a regolarizzare il flusso energetico tra 2° e 3° chakra.

3° chakra: al centro del plesso solare un occhio di tigre, e intorno a questo 4 quarzi citrini di piccole dimensioni, disposti a croce; più in basso, in prossimità dell'ombelico, un quarzo rutilato riceve le energie del 2° chakra, convogliate attraverso il quarzo ialino biterminato. A lato del quarzo rutilato, 2 piccoli esemplari di ambra gialla. La zona di collegamento tra 3° e 4° chakra è stimolata da un quarzo ialino biterminato.

4° chakra: una kunzite è collocata in posizione centrale, con intorno 4 piccoli pezzi di avventurina verde e 4 di quarzo rosa, in alternanza; al di sotto, una malachite affiancata da 2 rodoniti. Anche in questo caso, un quarzo ialino biterminato collega il chakra cardiaco al chakra della gola.

5° chakra: una sodalite occupa la fossetta alla base del collo; a lato della sodalite, 2 lapislazzuli; 3 piccole acquemarine sono collocate subito al di sotto, in prossimità del biterminato che convoglia al 5° chakra l'energia del cuore: le acquemarine formano un triangolo con il vertice rivolto verso l'alto. Al centro del triangolo, una turchese. Un piccolo quarzo ialino biterminato è sistemato sopra la sodalite, nel tratto iniziale del collo.

6° chakra: un nodulo di azzurrite è posto tra le sopracciglia; al di sopra, un occhio di falco affiancato da 2 piccoli esemplari di quarzo ametista. Più sopra, un piccolo quarzo ialino biterminato.

7° chakra: una grossa punta di quarzo ametista, rivolta verso la testa e collocata su un supporto di materiale naturale.

Trattamento complesso (fig. 19)

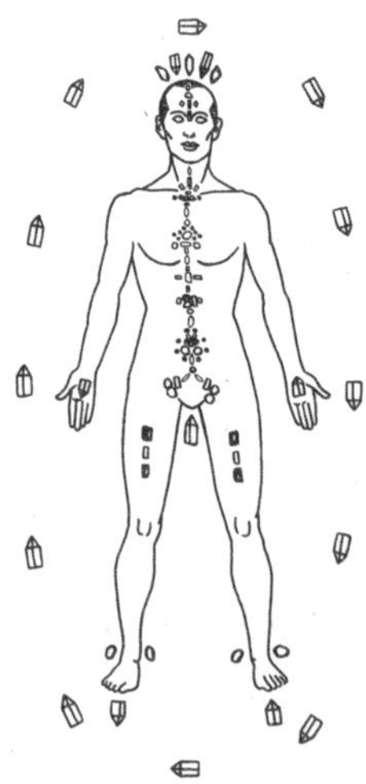

Fig. 19 – *Trattamento complesso*

Con il trattamento complesso siamo in grado di innescare un grande movimento di energie, che dipenderà non soltanto dalla maggior quantità di pietre e cristalli utilizzati, ma anche dalla maggiore specificità di questi ultimi in relazione al caso da trattare e dal fatto che sceglieremo pietre meno comuni, le cui vibrazioni hanno una frequenza più alta rispetto a quelle impiegate nel trattamento standard.

Il trattamento complesso deve essere gestito con la piena padronanza degli strumenti e della tecnica, in modo da non creare sovraccarichi energetici indesiderati e assicurare alla persona un potente apporto di stimoli vibrazionali, i quali tuttavia dovranno essere idonei ad agire sui disturbi di cui la persona soffre. Sebbene con questo tipo di trattamento l'impatto energetico sia davvero notevole, non sempre vale l'assioma "più grave la patologia, più forte la terapia": in certi casi si deve invece agire per gradi, iniziando da un problema per affrontare poi, progressivamente, i successivi. Spesso, infatti, anche la semplice cura del sintomo principale o dell'organo più deficitario producono risultati imprevisti che si ripercuotono in maniera benefica sull'intero organismo. La "terapia d'urto" eseguibile per mezzo del trattamento complesso è indicata solo in alcune circostanze, e dovrà essere la sensibilità del terapeuta che lo farà propendere per un tipo di seduta come questa, nella quale si impiega un grande numero di pietre, ricorrendo a esemplari più costosi e particolari.

Si consiglia quindi di cimentarsi nel trattamento complesso solo in un secondo tempo, quando si sarà presa confidenza con la cristalloterapia attraverso lo studio, la meditazione e la sperimentazione di sedute più semplici, e soprattutto quando si saranno affinate le doti personali di sensibilità alle energie delle pietre.

Piede destro: una punta di quarzo fumé rivolta verso l'esterno.

Piede sinistro: una punta di quarzo fumé rivolta verso l'interno.

Caviglia destra e caviglia sinistra: ai lati di ciascuna caviglia, 2 ematiti poggiate sul lettino da terapia.

Coscia destra e coscia sinistra: su ciascuna coscia, una tormalina rossa e 2 tormaline nere disposte in verticale, a qualche centimetro di distanza l'una dall'altra. La tormalina rossa è collocata in mezzo alle tormaline nere.

Mano destra: una punta di quarzo ialino rivolta verso l'esterno.

Mano sinistra: una punta di quarzo ialino rivolta verso l'interno.

1° chakra: in mezzo alle gambe, in prossimità dei genitali (su un supporto di materiale naturale come un pezzetto di legno o un piccolo cestino di vimini rovesciato): una punta di quarzo fumé rivolta verso l'interno; su ciascun inguine: un granato, un diaspro rosso e un'ossidiana "fiocco di neve"; sulla zona corrispondente all'attaccatura dei peli pubici: un rubino o una radice di rubino. Per collegare le pietre poste sugli inguini al rubino si usano due piccoli quarzi ematoidi biterminati[102], mentre un terzo ematoide biterminato unisce il rubino alle pietre del 2° chakra.

[102] Il quarzo ematoide, detto anche "quarzo giacinto di Compostela" per il fatto che è molto nota la miniera spagnola di Santiago di Compostela, è di colore rossastro e come tale si addice al 1° chakra.

2° chakra: 4 corniole e 4 adularie, l'una alternata all'altra, circondano un'aragonite arancione, una calcite arancione e un opale di fuoco. Un quarzo ialino biterminato collega il 2° al 3° chakra.

3° chakra: un topazio giallo è circondato da 4 tormaline gialle: le tormaline inferiore e superiore sono disposte in verticale, mentre le tormaline laterali sono disposte in orizzontale. Al di sotto della zona del plesso solare, in prossimità dell'ombelico, un occhio di tigre, un quarzo citrino e un quarzo rutilato sono posti al centro di una croce formata da 2 piccoli pezzi di calcite gialla alternati con 2 piccole fluoriti gialle. Un quarzo ialino biterminato collega il plesso solare con il chakra del cuore.

4° chakra: una moldavite è posta al centro; 4 rodocrositi e 4 tormaline verdi la circondano. Più in basso, una radice di smeraldo è affiancata da un'amazzonite verde e da una calcite verde; al di sotto della radice di smeraldo, una tormalina rosa distribuisce alle pietre soprastanti l'energia proveniente dal plesso solare, convogliata dal quarzo ialino biterminato. Sopra al circolo di rodocrositi e tormaline verdi, un ottaedro di fluorite rosa collega la zona cardiaca al quarzo ialino biterminato che indirizza il flusso vibrazionale al 5° chakra.

5° chakra: un cristallo di cianite è disposto in verticale nella fossetta del collo; accanto a questo, 2 piccoli topazi azzurri. Più sotto, un piccolo grappolo di cristalli di celestina è collocato al centro di una croce formata da 2 lapislazzuli e da 2 calciti blu, in alternanza. In alto, sopra la cianite, un piccolo quarzo ialino biterminato.

6° chakra: al centro delle sopracciglia, uno zaffiro o una radice di zaffiro; sopra, una piccola tormalina indaco, affiancata da 2 fluoriti viola, funge da collegamento con la sugilite posta sotto l'attaccatura dei capelli; al di sopra di quest'ultima, un piccolo quarzo ialino biterminato.

7° chakra: un herkimer a doppia terminazione è affiancato da 2 punte di quarzo ametista rivolte verso la testa; a lato dei quarzi ametista, 2 marcasiti.

Intorno al corpo: creare un circolo con 12 punte di quarzo ialino, come indicato nell'esempio del trattamento con i soli quarzi ialini.

Trattamento specifico per un singolo organo (fig. 20)

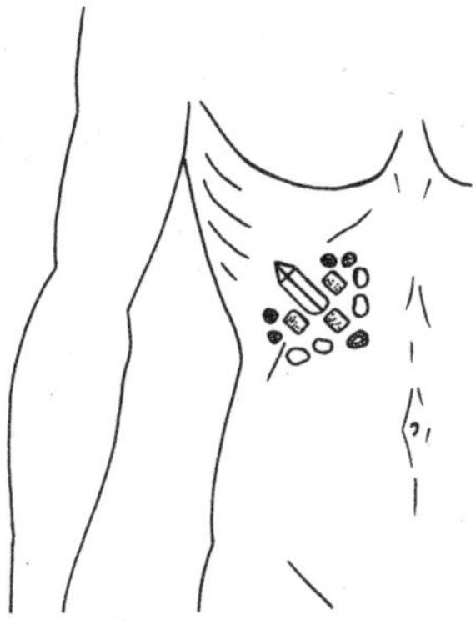

Fig. 20 – *Tratamento specifico per un singolo organo*

Se una singola parte del corpo o un organo presentano disturbi, possiamo calibrare la seduta di cristalloterapia in modo da indirizzare le energie terapeutiche in particolare nella zona che ci interessa. Ciò non significa che disporremo le pietre solo su quella zona, poiché il maggior effetto di stimolo alla guarigione si ha sempre attraverso il rilassamento generale indotto dal posizionamento dei cristalli su ciascuno dei 7 chakra principali e sulle altre parti del corpo (come ad esempio i piedi e le mani); si tratta piuttosto di creare una speciale configurazione adatta all'organo in questione, che promuova l'eliminazione delle tossine presenti esplicando azione di riequilibrio. La conoscenza dei cristalli adatti all'organo e alla patologia che lo interessa è importante, ma si tenga presente che certe pietre, come il quarzo ialino e la malachite, sono comunque consigliabili in tutti i casi per la loro azione rispettivamente purificante e lenitiva.

Nella disposizione delle pietre sui chakra, ci orienteremo sul trattamento standard se l'esame dei vortici energetici non rivela particolari problemi, altrimenti adotteremo configurazioni più complesse. In linea generale, se l'obiettivo primario è quello di occuparsi dell'organo sofferente, può essere sufficiente porre una sola pietra su ciascun chakra, e riservare all'organo in questione un numero maggiore di esemplari. Si può anche effettuare un trattamento con i soli quarzi ialini per quanto riguarda i chakra e le altri parti del corpo (mani e piedi), e porre una configurazione di pietre colorate, adatte al caso, intorno al cristallo di quarzo ialino collocato sull'organo. È infatti di fondamentale importanza piazzare sempre almeno una punta di quarzo ialino nella parte del corpo di cui vogliamo occuparci per stimolare il drenaggio delle tossine accumulate.

Consideriamo dunque il caso specifico di un fegato ingrossato, intossicato, sofferente: questo organo così importante, spesso trascurato, costituisce un punto di riferimento essenziale per la salute dell'intero organismo. Cominciamo a disporre le pietre che abbiamo scelto per i chakra, secondo le modalità consuete alla seduta di cristalloterapia, e per ultima creiamo la *configurazione del fegato*: un cristallo di quarzo ialino provvisto di punta, di dimensioni sufficientemente grandi, viene posto al centro della zona interessata, con la punta rivolta verso l'esterno del corpo (in alternativa, si può usare una piramide, sempre di quarzo ialino); intorno al cristallo, 3 burattati di quarzo ialino, e a fianco dei burattati 2 corniole di colore rosso scuro e 2 diaspri, anch'essi rosso scuro; sotto il burattato di quarzo ialino collocato alla base del cristallo dotato di punta, un granato funge da collegamento tra le corniole e i diaspri del lato destro e quelli del lato sinistro.

Una volta creata la configurazione del fegato, diamo inizio alla seduta toccando con il cristallo attivatore per prime le pietre collocate sui chakra, e per ultime le pietre sistemate sul fegato; prepariamoci quindi a intervenire con il nostro pensiero, la nostra sensibilità e le nostre energie di guarigione sull'organo in questione, per mezzo delle pietre che vi abbiamo collocato e, come sempre, serviamoci ripetutamente del cristallo attivatore. Tocchiamo più volte la punta di quarzo ialino con l'attivatore, e comandiamo mentalmente a quest'ultimo di innescare la guarigione energetica del fegato attraverso l'espulsione delle vibrazioni negative accumulate nell'organo: tali vibrazioni verranno captate dalla punta di quarzo ialino, la quale provvederà a scaricarle al di fuori del corpo. Attraverso l'attivatore, comandiamo mentalmente al cristallo di quarzo di svolgere questo compito, trasformandosi in una specie di pompa che aspira le tossine e le butta fuori dalla punta, allontanandole dall'organismo. Se invece utilizziamo una piramide, visualizzeremo la base del solido che assorbe le vibrazioni negative, e il vertice che le espelle. Infine, ingiungiamo ai quarzi ialini burattati di coadiuvare questo processo di purificazione, e alle corniole e ai diaspri di rigenerare le cellule epatiche; al granato impartiremo invece l'ordine di migliorare la qualità del sangue che irrora il fegato. Dopo aver insistito varie volte su questa procedura, teniamo l'attivatore sospeso a qualche centimetro di distanza dal cristallo collocato sul fegato, quindi facciamolo scorrere ripetutamente, con movimenti decisi, a partire dalla base di tale cristallo "aspiratore" per arrivare fino alla punta: visualizzeremo un fumo grigio, nel quale si raccolgono tutte le impurità, che esce dalla punta del nostro aspiratore e si disperde nella terra.

Se, durante la seduta, la persona lamenta dolori o sensazioni sgradevoli nella zona trattata, il segnale è indicativo del flusso di energie che ha cominciato a interessare il fegato stimolandone la purificazione e il riequilibrio; tuttavia, se le sensazioni si fanno troppo pesanti e fastidiose, bisogna valutare se è il caso di interrompere la seduta, oppure se è preferibile sostituire le pietre per ricondurre la stimolazione vibrazionale in atto a un contesto più delicato, tollerabile dalla persona. Si chieda dunque a quest'ultima se è in grado di proseguire con il trattamento, oppure se la sensazione di fastidio è troppo accentuata e di difficile sopportazione. Nel primo caso, si manterrà la configurazione sull'organo, ma si cercherà di agire con il cristallo attivatore sui chakra 6° e 7° per favorire il rilassamento, e si considererà l'opportunità di ridurre la durata della seduta; nel secondo caso, si rimuoveranno tutte le pietre eccetto il quarzo dotato di punta e si collocheranno intorno a questo 3-4 esemplari di malachite, ingiungendo mentalmente a questi ultimi, tramite il cristallo attivatore diretto su di loro, di assorbire le sensazioni fastidiose e mitigare la reazione sgradevole causata dal drenaggio in corso.

Modalità analoghe a quelle sopra descritte saranno seguite per intervenire su altri organi, sempre avendo l'accortezza di unire al quarzo ialino o alla malachite le pietre appropriate per quegli organi.

APPENDICE

Lettura dei chakra per mezzo del pendolino[103]		
*Simbolo**	*Descrizione del movimento*	*Stato psicologico*
	In senso orario, circolare.	Chakra aperto ed equilibrato; percezione chiara della realtà.
	In senso antiorario, circolare.	Chakra chiuso e squilibrato; percezione falsata della realtà.
	In senso orario, ellittico orizzontale.	Chakra aperto, con una certa compressione o trattenimento dell'energia in basso, verso la sfera istintiva, per evitare l'interazione di tipo passivo con gli altri.
	In senso orario, ellittico verticale.	Chakra aperto, con un certo spostamento dell'energia verso l'alto, verso la sfera spirituale, per evitare l'interazione di tipo attivo con gli altri.
	In senso antiorario, ellittico orizzontale.	Chakra chiuso, con una certa compressione o trattenimento dell'energia in basso, verso la sfera istintiva, per evitare l'interazione di tipo passivo con gli altri.
	In senso antiorario, ellittico verticale.	Chakra chiuso, con spostamento dell'energia verso l'alto, verso la sfera spirituale, per evitare l'interazione di tipo attivo con gli altri.
	In senso orario, ellittico con inclinazione a destra.	Chakra aperto; scissione fra attività e ricettività, con prevalenza degli aspetti attivi della personalità; percezione della realtà viziata da una propensione verso i valori attivi, maschili, yang.
	In senso orario, ellittico con inclinazione a sinistra.	Chakra aperto; scissione fra attività e ricettività, con prevalenza degli aspetti passivi della personalità; percezione della realtà viziata da una propensione verso i valori passivi, femminili, yin.
	In senso antiorario, ellittico con inclinazione a destra. .	Chakra chiuso; scissione, con aspetto attivo più sviluppato di quello passivo e con proiezioni sulla realtà di tipo aggressivo, yang.
	In senso antiorario, ellittico con inclinazione a sinistra.	Chakra chiuso; scissione, con aspetto passivo più sviluppato di quello attivo e con proiezioni sulla realtà di tipo ricettivo, yin.
	In linea retta, orizzontale.	Spostamento dei sentimenti e delle energie verso la sfera istintiva per evitare l'interazione personale.
	In linea retta, verticale.	Spostamento dei sentimenti e delle energie verso la sfera spirituale per evitare l'interazione personale.

[103] Schema ripreso da: Brennan, *Mani di luce*, op. cit., p. 88.

*Simbolo**	*Descrizione del movimento*	*Stato psicologico*
	In linea retta, diagonale a destra.	Scissione fra aspetto attivo e aspetto passivo della personalità, con preponderanza dell'aspetto aggressivo.
	In linea retta, diagonale a sinistra.	Scissione fra aspetto attivo e aspetto passivo della personalità, con preponderanza dell'aspetto ricettivo.
	In senso orario, ellittico, con spostamento dell'asse.	Grande mutamento in atto nel soggetto, che sta lavorando attivamente e in profondità su problemi legati al chakra; caos positivo, che dovrebbe condurre a un miglioramento.
	In senso antiorario, ellittico, con spostamento dell'asse.	Come il precedente, ma con caos negativo: il miglioramento è ancora lontano.
•	Fermo.	Chakra inattivo, che porterà all'insorgere di disturbi di vario tipo.

* I simboli si riferiscono alla visione frontale della persona da parte del terapeuta.

Corrispondenze tra fiori di Bach e cristalli		
RIMEDIO FLOREALE	**PIETRA PRINCIPE**	**PIETRE COMPLEMENTARI**
Agrimony	Labradorite	Amazzonite, kunzite
Aspen	Tormalina nera	Onice nera, turchese
Beech	Smeraldo	Crisocolla, pietra di Luna
Centaury	Rodocrosite	Ematite, occhio di tigre
Cerato	Zaffiro	Agata azzurra, occhio di gatto
Cherry Plum	Ossidiana nera	Opale di fuoco, ossidiana "fiocco di neve"
Chestnut Bud	Calcite verde	Cianite, corniola
Chicory	Dioptasio	Crisoprasio, rubino
Clematis	Ematite	Granato, pirite
Crab Apple	Ambra	Avventurina verde, opale bianco
Elm	Agata gialla	Fluorite, quarzo rutilato
Gentian	Sugilite	Lapislazzuli, zaffiro
Gorse	Lapislazzuli	Giada, lepidolite
Heather	Quarzo rosa	Crisoprasio, tormalina rosa
Holly	Eliotropio	Avventurina verde, quarzo rosa
Honeysuckle	Legno pietrificato	Amazzonite, ambra
Hornbeam	Kunzite	Agata gialla, dolomite
Impatiens	Iolite	Onice bianca, sodalite
Larch	Occhio di tigre	Granato, quarzo citrino
Mimulus	Marcasite	Acquamarina, giada
Mustard	Pietra di Sole	Peridoto, turchese
Oak	Quarzo citrino	Occhio di bue, quarzo ametista
Olive	Quarzo rutilato	Agata rossa, dolomite
Pine	Peridoto	Aragonite arancione, tormalina verde
Red Chestnut	Magnetite	Eliotropio, pietra di Luna
Rock Rose	Topazio giallo	Diaspro rosso, pietra di Sole
Rock Water	Occhio di falco	Iolite, zircone
Scleranthus	Quarzo ametrino	Labradorite, onice bianco-nera
Star of Bethlehem	Rodonite	Legno pietrificato, quarzo ialino
Sweet Chestnut	Diopside "Black Star"	Herkimer, tormalina nera
Vervain	Quarzo ametista	Malachite, onice bianca
Vine	Rubino	Smeraldo, tormalina rosa
Walnut	Calcite bianca	Magnetite, pietersite
Water Violet	Aragonite arancione	Corniola, rodocrosite
White Chestnut	Fluorite	Sodalite, zircone
Wild Oat	Diaspro rosso	Occhio di gatto, quarzo citrino
Wild Rose	Lepidolite	Sugilite, tormalina verde
Willow	Quarzo fumé	Malachite, rodonite
Rescue Remedy	Quarzo ialino	Herkimer, quarzo tormalinato

Bibliografia

Marilia Albanese - Gabriella Cella - Fiorenza Zanchi, *I chakra. L'universo in noi*, Milano, Xenia, 1996.

Ahmad al-Tīfāšī, *Il libro delle pietre preziose*, a cura di Ida Zilio-Grandi, Venezia, Marsilio, 1999.

Ted Andrews, *Manuale pratico del guaritore. Guida alle terapie vibrazionali*, Roma, Edizioni Mediterranee, 1998.

Randall N. Baer - Vicki Vittotow, *Windows of Lights: Quartz Crystals and Self-Transformation*, San Francisco, Harper & Row, 1984.

Angelo Balladori, *Guarire con i cristalli. Dall'antica saggezza rimedi e ricette per ritrovare salute e benessere*, Casale Monferrato (AL), Piemme, 1998.

Carlo Biagi - Manuela Pompas, *Diventare sensitivi. Le tecniche per sviluppare il potenziale psichico: telepatia, chiaroveggenza, medianità, autoguarigione*, Milano, Sonzogno, 1994.

Catherine Bowman, *Cristalli di energia. Come conoscere i cristalli ed utilizzare i loro poteri*, s.l., Gruppo Editoriale Futura, 1998.

Barbara Ann Brennan, *Luce emergente. Una nuova esplorazione del campo energetico umano*, Milano, Longanesi & C., 1994.

Barbara Ann Brennan, *Mani di luce. Come curarsi e curare tramite il campo energetico umano*, Milano, Longanesi & C., 1989.

Rosalyn L. Bruyere, *Ruote di luce. I chakra, l'aura e l'energia risanatrice del corpo*, Spigno Saturnia (LT), Edizioni Crisalide, 1999.

Christa Faye Burka, *La coscienza del cristallo*, Grignasco (NO), L'Età dell'Acquario, 1996.

Manuela Caldirola, *Cristalloterapia. Una cura per il corpo e l'anima*, Milano, Sonzogno, 1997.

Fritjof Capra, *Il Tao della fisica*, Milano, Adelphi, 1982.

Ernesto Carpintieri, *Elementi essenziali di cristalloterapia bioenergetica*, Roma, C&C Editori, 1994.

Roberto Casini, *I maestri di luce. L'arte della cristalloterapia nella visione sciamanica*, Montespertoli (FI), M.I.R. Edizioni, 2000.

José Ciaccio - Donata Secchi, *Il potere dei cristalli*, Milano, Xenia, 1996.

Dominique Coquelle, *Cristal d'éveil. Nouveau guide pratique d'utilisation des cristaux*, Paris, Librairie de l'Inconnu, 1993.

Cyndi Dale, *Guarire con i chakras*, Milano, Armenia, 1997.

Giuditta Dembech, *I cristalli. L'intelligenza nascosta*, Settimo Torinese (TO), Edizioni L'Ariete, 1990.

Marco Dini Sin, *Manuale pratico di litoterapia*, Viareggio (LU), Editrice Lunaris, 1994, 2 voll.

J.M. Garnier, *Proprietés énergétiques des pierres et des cristaux*, Lyon, Editions A.C.V., 1999.

Michael Gienger, *L'arte di curare con le pietre. Un manuale*, Spigno Saturnia (LT), Edizioni Crisalide, 1997.

Monica Giovine, *Cristalli. Il ritorno dello sciamano*, Pioltello (MI), Rangoni, 1997.

Tabish Griziotti Basevi, *Cristalloterapia. Come curarsi con i cristalli*, Milano, De Vecchi, 1996.

Gurudas, *Gem Elixirs and Vibrational Healing*, San Rafael, Cassandra Press, 1989.

Ursula Klinger-Raatz, *Magia e segreti delle pietre preziose. Suggerimenti per l'attivazione dei sette centri energetici dell'uomo mediante pietre, cristalli e minerali*, Roma, Edizioni Mediterranee, 1990.

Isidore Kozminsky, *The Magic and Science of Jewels and Stones, Vol. I*, San Rafael, Cassandra Press, 1988.

Julia Lorusso - Joel Glick, *Healing Stones: The Therapeutic Use of Crystals and Minerals*, Albuquerque, Brotherhood of Life, 1976.

Gianfranco Mancardi - Annamaria Filardo, *Come utilizzare i cristalli e i loro segreti poteri*, Torino, Horus, 1993.

Daniel Mantez - Jean-Marie e Monique Paffenhoff, *Il manuale delle pietre energetiche*, Bresso (MI), Hobby & Work, 1998.

Massimo Mantovani, *Il potere curativo dei cristalli*, Milano, De Vecchi, 1999.

Master Choa Kok Sui, *L'antica arte e scienza del Pranic Healing con i cristalli*, Cesena (FO), Macro Edizioni, 1999.

Maria Rosaria Omaggio, *L'energia trasparente. Curarsi con cristalli, pietre preziose e metalli*, Roma, Edizioni Mediterranee, 1990.

Naomi Ozaniec, *I chakra. I centri di energia del corpo*, Milano, Mondadori, 1999.

KATRINA RAPHAELL, *Cristalli. Una terapia per il corpo e per lo spirito*, Milano, Xenia, 1990.

KATRINA RAPHAELL, *Manuale di cristalloterapia*, Milano, Xenia, 1993.

GIULIA ROSANO, *Cosa raccontano i cristalli e come usarli*, Bussolengo (VR), Demetra, 1995.

SANTA ILDEGARDA, *Il libro delle pietre. Guida pratica all'uso dei cristalli oggi*, Rivarolo (TO), Centro di Benessere Psicofisico, 1992.

DONATA SECCHI - JOSÉ CIACCIO, *La cristalloterapia*, Milano, Xenia, 1995.

SHALILA SHARAMON - BODO J. BAGINSKI, *Manuale dei chakra. Teoria e pratica. Guida completa per armonizzare i centri energetici attraverso meditazione, respirazione, musica, colori e cristalli*, Roma, Edizioni Mediterranee, 1995.

SOFIA SIENKO, *Il grande libro delle pietre. Le gemme più comuni e preziose, le loro proprietà curative e le loro virtù magiche*, Milano, Armenia, 1997.

LIZ SIMPSON, *L'energia sottile dei cristalli. Il potere terapeutico delle pietre*, Como, Lyra Libri, 1999.

JOE H. SLATE, *Manuale pratico dell'aura. L'uso delle energie per la salute, la guarigione, l'equilibrio*, Roma, Hermes Edizioni, 2000.

SW. ANADI, *Cristalli. Il Potere della Luce*, Peschiera del Garda (VR), Edizioni del Cigno, 1999.

PARIMAL DANIELLE TONOSSI, *Les elixirs des cristaux. Decouverte des cristaux, mode d'emploi des elixirs*, Romont (Suisse), Editions Recto-Verseau, 1993.

RETO VITAL, *Il grande libro della cristalloterapia*, Milano, Xenia, 1997.

RETO VITAL, *Pietre di luce. Guida pratica alla cristalloterapia*, Milano, Xenia, 1995.

WABUN WIND - ANDERSON REED, *Cristalli, semi di luce*, Giaveno (TO), Edizioni Amrita, 1999.

GIUSEPPE ZANELLA, *I cristalli. La riscoperta dei fratelli di luce*, Pogliano Milanese (MI), Atlantide Edizioni, 1993.

INIZIAZIONE

COLLANA DIRETTA DA OSVALDO SPONZILLI

1. Osvaldo Sponzilli
INIZIAZIONE ALLA CROMOTERAPIA
2. Paolo Crimaldi
INIZIAZIONE ALL'ASTROLOGIA KARMICA
3. Maurizio Dina
INIZIAZIONE ALLO SCIAMANESIMO
4. Fabio Nocentini
INIZIAZIONE AI RIMEDI FLOREALI CALIFORNIANI
5. Ming Wong C.Y. e Alessandro Conte
INIZIAZIONE ALLO ON ZON SU
6. Cesare Cuccurin
INIZIAZIONE ALLA CHIROMANZIA ASTROLOGICA
7. Mario Scaffidi Abbate
INIZIAZIONE AL MONDO DELLO YOGA
8. Angelo Luciani
INIZIAZIONE ALLA REFLESSOLOGIA DEL PIEDE
9. A. Volguine
INIZIAZIONE ALL'ASTROLOGIA LUNARE
10. Stefano Beverini
INIZIAZIONE ALLA TELEPATIA
11. Leonardo Arena
INIZIAZIONE ALL'AUTOREALIZZAZIONE
12. Giorgio Fanti
INIZIAZIONE ALLA RADIESTESIA
13. Jean Josipovici
INIZIAZIONE ALLA FELICITÀ
14. Francesco Casaretti
INIZIAZIONE ALL'AMORE TAOISTA
15. Rudolf Steiner
INIZIAZIONE AI MONDI SUPERIORI
16. Elena Judica Cordiglia
INIZIAZIONE ALL'I:CHING
17. Christopher J. Markert
INIZIAZIONE AL TAN TIEN
18. Sture Lönnerstrand
INIZIAZIONE ALLA REINCARNAZIONE
19. Osho
INIZIAZIONE ALLA MEDITAZIONE
20. Fabio Ragno
INIZIAZIONE AI MITI DELLA STORIA
21. Martin Lings
INIZIAZIONE AL SUFISMO
22. Mario Corradini
INIZIAZIONE ALLA MUSICOTERAPIA
23. Osvaldo Sponzilli
INIZIAZIONE ALLA CROMOPUNTURA AURICOLARE
24. Selene Calloni
INIZIAZIONE ALLO YOGA SCIAMANICO
25. Robert Hasinger
INIZIAZIONE AL FENG SHUI
26. Ann Holdway
INIZIAZIONE ALLA KINESIOLOGIA
27. Tom Williams
INIZIAZIONE ALLA MEDICINA CINESE
28. A.K. Bhattacharyya e R.U. Sierra
INIZIAZIONE ALLA MAGNETOTERAPIA
29. Gianluca Volarici
INIZIAZIONE AI FENOMENI PARANORMALI
30. Toru Namikoshi
INIZIAZIONE ALLO SHIATSU
31. Galaadriel Flammini e Robert Hasinger
INIZIAZIONE ALL'AURA-SOMA
32. Lama Ole Nydahl
INIZIAZIONE AL BUDDHISMO
33. Anthony Arnold
INIZIAZIONE ALLA TERAPIA CRANIOSACRALE
34. Franco Santoro
INIZIAZIONE ALL'ASTROSCIAMANESIMO
35. Maurizio Dina
INIZIAZIONE ALLA VIA DEL SOGNARE
36. Tae Yun Kim
INIZIAZIONE AL POTERE INTERIORE
37. Ada Russo Pavan
INIZIAZIONE AI CULTI EGIZI
38. Carla Biader Ceipidor e Lucia Gasparini
INIZIAZIONE ALL'OMEOPATIA
39. Iris Paciotti
INIZIAZIONE AL SUONO DELLA VITA
40. Paolo Crimaldi
INIZIAZIONE AGLI AMORI KARMICI
41. Robert Happé
INIZIAZIONE ALLA CONSAPEVOLEZZA UNIVERSALE
42. Franco Zepponi
INIZIAZIONE ALLA PSICOMETRIA
43. Gopi Krishna
INIZIAZIONE ALLA KUNDALINI
44. Osvaldo Sponzilli
INIZIAZIONE ALL'IRIDOLOGIA
45. Francesco Casaretti
INIZIAZIONE AL MONDO DELLE DONNE